Retrocognições

Pesquisa da Memória de Vivências Passadas

Wagner Alegretti, Eng.

Retrocognições

Pesquisa da Memória de Vivências Passadas

3ª edição – revisada

EDITARES
Foz do Iguaçu, PR - Brasil
2010

Tiragem: 1ª Edição em português (1998) – 1.000 exemplares
2ª Edição em português (2000) – 1.000 exemplares
3ª Edição em português (2010) – 1.000 exemplares

Os originais desta edição foram produzidos e revisados através de editoração eletrônica e de impressão a laser (texto em *Baskerville BE Regular:* 433.175 caracteres, 63.121 palavras, e 4.298 parágrafos).

Capa: Valesca Ferreira

Diagramação: Andrea Teixeira

Revisão da 3ª Edição: Tatiana Lopes

Impressão: Edelbra Editora e Gráfica Ltda.

Ficha Catalográfica

Alegretti, Wagner 1961 -

A366r Retrocognições: pesquisa da memória de vivências passadas / Wagner Alegretti – 3. ed. rev. – Foz do Iguaçu: Editares, 2010.

306 p.

ISBN 978-85-98966-28-1

1. Retrocognição. 2. Lembranças de Vidas Passadas. 3. Mnemossomática. 4. Projeciologia. 5. Conscienciologia. I. Autor. II. Título.

CDD 132.221

EDITARES

Associação Internacional Editares
Av. Felipe Wandscheer, 5100 – sala 107, Cognópolis,
CEP 85856-530
Foz do Iguaçu, PR, Brasil – Fone / Fax: 55 (45) 2102-1407
Website: www.editares.org – *E-mail:* editares@editares.org

Agradecimentos

Considero um privilégio poder deixar gravada de forma perene e pública a assinatura pensênica de gratidão sincera àqueles de nosso grupo evolutivo que nos auxiliaram, de uma forma ou de outra, na execução de nossa proéxis.

Agradeço a meus pais – Jeovah e Anizia Alegretti – que fizeram todo o esforço para que, entre muitas outras coisas, eu pudesse estudar, inclusive com mordomia. Foi possível dedicar-me a 5 anos de universidade, em período integral, sem ter que trabalhar, o que possibilitou o início do estudo da multidimensionalidade e da prática da projeção consciente. Reconheço seu estímulo e apoio aos meus anseios pela exploração, experimentação e pesquisa científicas, e também ao oferecimento de total liberdade de pensamento, sem a imposição de ideias ou valores que pudessem inibir meu curso intermissivo.

Dedico todos pensenes de sincera e despojada gratidão a esta velha conhecida consciência, nesta vida chamado Waldo Vieira, que desde nosso primeiro contato por telefone, há exatos 16 anos, adotou-me e brindou-me com sua amizade, energia, conhecimento, paciência e, principalmente, com muitas horas, dias, meses e anos de discussões e somatórios de ideias. Sua presença foi tão profunda, que este livro está permeado com sua influência.

Aos meus colegas do IIPC, atuais e antigos, companheiros de evolução, que me ajudaram a começar a superar certos trafares arraigados do passado e que somaram tantas ideias e experiências. Estou convencido de que nunca estive, nos últimos séculos, com tanta gente boa ao meu redor. Obrigado, thanks e gracias a vocês e que sejamos todos completistas para podermos continuar juntos na próxima existência intrafísica.

Gostaria de poder enumerar todos, contudo é impossível ser justo de forma a não esquecer de ninguém. Para diminuir a lista dos não registrados aqui, agradeço também a estas importantes pessoas, pelo suporte e inspiração: Wilson F. Alegretti, Jandira L. Vianna e Luis Minero.

E, principalmente, meu carinhoso agradecimento holossomático à minha parceira evolutiva, Nanci Trivellato. *Muito além da revisão da presente obra e das sugestões oportunas, agradeço pelo seu companheirismo e suporte durante a fase mais crítica desta vida física, ao seu afeto inesgotável e paciência com esta consciência em evolução. Nosso reencontro fez parte do contexto do fim do período preparatório de minha proéxis e do início da fase executiva, com novas reciclagens e amadurecimentos que permitiram a integração de vários conceitos e informações mais teóricas em um todo mais vivencial e assistencial, inclusive resultando no presente livro.*

Depois das consciências intrafísicas, lembro daqueles que não precisam nem esperam por gratidão: os Amparadores. *Hoje, mais do que nunca, entendo que sem sua atuação permanente, sutil mas intensa, eu não estaria aqui digitando estes agradecimentos.*

Dedico este livro a uma conscin que ainda está no princípio da fase preparatória de sua programação existencial. Que este livro possa servir como um dos elementos que contribuam na descoberta e concretização de sua proéxis: ao meu filho Allan M. Alegretti.

A todos vocês, leitores e leitoras, meus votos de compléxis.

Wagner Alegretti

Miami, 3 de Julho de 1998

Sumário

SEÇÃO II: A RETROCOGNIÇÃO

Seção IV: Anexos

Prefácio

(1ª edição)

O Valor das Retrocognições

Epicon. Apresentamos este livro oportuno com inusitado prazer, a primeira obra mais ampla do autor, pessoa com nível profissional de alta capacitação, que admiramos e com quem convivemos desde 1982. Acompanhamos a sua trajetória de perto, desde que escolheu cumprir a sua proéxis fazendo uma carreira evolutiva com a Conscienciologia, renunciando à independência econômico-financeira onde estava muito bem instalado em uma empresa paranacional, até a sua atual condição de *epicentro multidimensional autoconsciente,* além dos limites dos circuitos neuropsíquicos.

Busca. Observando, em todo esse período, os cuidados da vigilância da personalidade extremamente disciplinada de Wagner Alegretti, quanto aos entusiasmos infantis ou infantilizadores na busca da autoevolução lúcida, vemos agora mais um dos resultados duradouros de todo esse esforço pessoal e continuado das suas indeléveis *assinaturas pensênicas* na vivência no contrafluxo da tares.

Cosmovisão. A relevância, seriedade e profundidade dos assuntos tratados nestas páginas oferecem uma cosmovisão ampla dos problemas íntimos da consciência intrafísica a partir da convenção do tempo – *a medida do movimento da matéria* – e das memórias pessoais, até a valorização das retrocognições autoinduzidas e sadias.

Autocobaias. O passado fornece os exemplos e as fórmulas insubstituíveis para evitarmos repetir os equívocos e atos espúrios gerados pela inexperiência. As retrocognições nos expõem na condição de *autocobaias explícitas.*

Mnemossomática. O volume técnico demonstra permanente rigor na observação e interpretação dos fatos, preenchendo uma lacuna no universo das pesquisas da Mnemossomática, com redação didática, clara e acessível, explicações lógicas a múltiplas indagações de nosso dia a dia, fundamentadas na mais completa honestidade intelectual com ciência e consciência.

Terapia. Por aqui se conclui que a memória pode atuar por vigoroso processo terapêutico, sem a *farmacomania desenfreada,* dentro do microuniverso consciencial, acentuando a capacidade de autorregeneração das personalidades humanas a partir de um atributo consciencial entrosado com os demais, capaz de autocurar multifários distúrbios incluindo até os *ciúmes retroativos* que se intrometem em nosso presente-futuro.

Abertura. As análises metodológicas da panorâmica facultada pelo texto devassam uma abertura na resistência às descobertas revolucionárias que impede o progresso científico e multidimensional, dando solavancos críticos nos *egos everestianos* das elites sub-reptícias, *anestesiadoras de consciências* porque defensoras da cultura decadente das instituições materialistas, teológicas e dogmáticas, dentro do *establishment* mancomunado e nocivo à saúde coletiva.

Profilaxia. O livro esclarece e indica a profilaxia eficaz quanto às teorias apocalípticas ou do fim do mundo, uma das manias suicidárias mais comuns em nossa época tumultuada no corre-corre da sobrevivência econômica que rende dividendos bilionários aos *empressauros do caos.*

Ênfase. Não podemos deixar de enfatizar nesta obra, além dos esclarecimentos da interação consciência-tempo, a *filmografia especializada* com análises tabuladas com a intenção evidente de expandir os *artefatos do saber de ponta.*

Informações. Como se observa, o livro – profundo no conteúdo e simples na forma – ultrapassa a visão míope daquelas conscins carentes de massa cinzenta, processando informações indiscutivelmente úteis e prioritárias à nossa evolução pessoal e grupal, apontando dados da mais alta ordem de significação cosmoética.

Laboratório. É pertinente recomendar aos leitores e leitoras desta obra especializada, a complementação técnica ou prática do conhecimento aqui adquirido, pelo uso do *Laboratório das Retrocognições* do Centro de Altos Estudos da Consciência (CEAEC), em Foz do Iguaçu, Paraná, Brasil.

Discernimento. Vê-se, no contexto, a que resultados impressivos de discernimento podem levar as pesquisas pessoais e participativas de um pesquisador dedicado ao parapsiquismo e à exploração intrapsíquica da mente humana, em relação às realidades multidimensionais, sem as influências das *banalidades catatônicas.*

Metabolismo. Busquemos metabolizar os informes preciosos do texto do autor, enquanto aguardamos as suas próximas obras, de igual quilate e competência que, temos certeza, nos brindará a breve tempo em favor do macropúblico do Instituto Internacional de Projeciologia e Conscienciologia (IIPC), interessado no aprofundamento da autoconsciencialidade.

Waldo Vieira, 1998

Apresentação

Na Conscienciologia, assim como na Arqueologia, não escavamos o passado com picaretas ou explosivos, e sim com pinça, pincel e paciência.

O objetivo básico deste trabalho é atuar como agente retrocognitor, motivando os leitores a investirem mais em sua evolução, utilizando retrocognições sadias e autoprovocadas como instrumento para o estudo de si mesmos.

Pretende este, ainda, desmistificar a retrocognição abordando-a sob a óptica da Conscienciologia e dar-lhe o devido valor evolutivo ao integrá-la ao presente e ao futuro.

Este livro nasceu de pesquisas específicas iniciadas em 1990, através de consulta a bibliografia especializada; estudo de casos discutidos pelos alunos durante cursos de Projeciologia desde 1988; estudo de rememorações ocorridas, inclusive em grupo, dentro do próprio IIPC; e, teaticamente, de experiências pessoais de retrocognição vividas por este autor.

O resultado desta compilação de informações foi transformado, em 1996, em um curso extracurricular do IIPC chamado "Retrocognição: lembrando vivências passadas", o qual foi dado em várias cidades brasileiras e do exterior (Miami e Nova York – EUA, Londres – Inglaterra, Madrid e Barcelona – Espanha, Lisboa – Portugal e Rotterdam – Holanda).

A experiência adquirida com o curso – em diferentes localidades, culturas e idiomas – permitiu a constante renovação e enriquecimento do mesmo. Foram anotadas e analisadas as reações dos alunos, seus relatos, dúvidas e perguntas, os quais levaram a mais pesquisas.

O resultado desta compilação teórica e prática foi condensado no presente livro. Contudo, antes do início de sua redação, foi necessário decidir seu estilo e público-alvo. Seria possível escrever um livro técnico e *enxuto*, direcionado às pessoas já familiarizadas com os conceitos da Conscienciologia e Projeciologia, ou um livro mais amplo, acessível a todos os que se interessassem pelo assunto, tenham estas participado ou não dos cursos do IIPC ou lido seus livros.

Devido à disseminação atual do assunto e ao interesse mundial das pessoas sobre este tema, este autor decidiu pela 2ª opção. Neste caso, foi necessário tocar em vários conceitos, já abordados em outros livros do IIPC, basicamente os de autoria de Waldo Vieira, para que este trabalho fosse mais inteiriço e autoexplicativo.

Apesar da opção por uma obra mais acessível, usa-se a terminologia própria da Conscienciologia. Normalmente, quando um termo é usado pela primeira vez no texto, o mesmo é explicado e às vezes são fornecidos sinônimos. Foi incluído também, no final do livro, um glossário para consultas. Outro recurso que pode ser usado para a melhor compreensão de termos técnicos próprios da Conscienciologia é o índice remissivo ou de assuntos.

A experiência com o curso "Retrocognição" mostrou quais conceitos deveriam ser priorizados e qual sequência deveria ser usada para que esta obra fosse a mais clara possível para o maior número de leitores.

Outro ponto relevante, é que este trabalho não se compõe primariamente de relatos de casos de regressão e suas interpretações, como na maioria absoluta dos livros sobre o tema. Trata-se de um estudo mais objetivo e teático dos mecanismos, implicações, benefícios e técnicas envolvidos nos fenômenos da precognição, simulcognição e, principalmente, retrocognição.

Evoluir não é fácil. Por isso, aqui não se aborda nenhuma técnica que supostamente pudesse possibilitar retrocognições de maneira instantânea, tendência hoje tão comum nesta cultura do pague e receba, clique e ligue, engula e cure-se. A abordagem deste livro é consciencial e evolutiva, não de obtenção do atendimento de curiosidades instigadas pela moda.

Dentro deste espírito, primeiro são apresentados conceitos básicos importantes do estudo da consciência, os quais darão ao leitor melhores subsídios para o entendimento mais profundo da retrocognição, de seu papel na evolução consciencial e dos mecanismos da relação consciência x tempo (Seção I).

Com esta base teórica, estuda-se a seguir o fenômeno da retrocognição em detalhes – seus mecanismos, características, tipos e benefícios. Passa-se então às abordagens mais práticas, através da discussão de fatores bloqueadores e desencadeantes do fenômeno e de procedimentos técnicos específicos para a obtenção de autorretrocognições (Seção II).

Por fim, conclui-se este trabalho com a discussão dos aspectos evolutivos da retrocognição e sua relação com a lucidez do momento presente – a simulcognição – e a percepção do futuro mais provável – a precognição (Seção III).

Alguns indivíduos mais predispostos poderão obter retrocognições em pouco tempo, porém não se deve esperar resultados imediatos. Não lembramos todo nosso passado de uma só vez. Não temos, nem mesmo, capacidade neurológica ou psicológica para tal.

Normalmente, recuperamos as lembranças de nosso passado pouco a pouco, fragmento após fragmento, os quais são postos juntos como em um grande quebra-cabeças. Como na arqueologia, não escavamos o passado com picaretas ou explosivos, e sim com pinça, pincel e paciência.

Outro ponto nevrálgico a ser discutido, é que, apesar do inegável valor terapêutico da retrocognição, esta não pode ser vista como uma panaceia universal – o remédio infalível para todos os males. A verdadeira panaceia é a evolução, a qual só é obtida passo a passo, através do esforço e lucidez pessoais, e somente pode ser acelerada com muito trabalho.

Nota do autor:

Este autor é pesquisador, professor e presidente da IAC – *International Academy of Consciousness*, além de editor consultor do *Journal of Conscientiology*, não realizando terapias ou sessões de regressão de vivências passadas, individuais ou em grupo. Se você, um dia, julgar que necessita de alguma assistência por parte de um terapeuta, sugiro procurar um especialista em consciencioterapia, entre em contato com a OIC (p. 309).

Se você tiver experimentado retrocognições, de qualquer tipo, e quiser contribuir com o banco de dados de casos deste autor, por favor encaminhe os relatos para o Campus de Pesquisa da IAC em Portugal *(www.iacworld.org)* ou para o endereço de e-mail walegretti@iacworld.org. Tais relatos serão usados para levantamentos estatísticos e análises de padrões, os quais enriquecerão futuras edições desta obra. Caso algum relato seja usado como exemplo, nomes serão mantidos em sigilo.

Agradeço antecipadamente às críticas, sugestões e comentários sobre este trabalho, os quais serão usados para o seu aperfeiçoamento.

Wagner Alegretti, 1998

Seção I: Bases Conceituais

1

INTRODUÇÃO

Crescemos muito mais lembrando nosso último período entre vidas que recuperando as memórias de várias vidas intrafísicas anteriores

Possivelmente todos já pensaram, pelo menos uma vez na vida, o quanto seria bom se nos fosse possível voltar à nossa juventude de posse da maturidade que temos hoje. Mais do que simples lamentação ou arrependimento por certas decisões passadas, esta postura reflete nosso amadurecimento íntimo e lucidez atuais, resultantes da acumulação de múltiplas e distintas experiências.

Como não é possível voltar ao passado para mudá-lo, sejamos mais lúcidos e pragmáticos e pensemos no que é possível ser feito de prático e efetivo no aqui-e-agora multidimensional. Com este fim, há muitas técnicas propostas pela Conscienciologia e Projeciologia, tais como: projeções conscientes e o domínio das próprias bioenergias.

Este livro discute uma outra abordagem para tal questão, complementar e adicional, bastante estudada dentro do campo destas ciências: a retrocognição ou, como é popularmente conhecida, a regressão a vivências passadas.

A retrocognição, quando sadia e bem assistida, permite, com o tempo, que a consciência recupere a memória de suas vidas intrafísicas ou vivências extrafísicas anteriores. Este aumento em nossa *biblioteca de experiências* seria o análogo, porém no sentido inverso, a voltar ao passado com o arsenal das vivências acumuladas até agora, ou seja, poderíamos trazer as experiências e aprendizados do passado para o aqui-agora e, com isto, aumentar nossa maturidade consciencial manifesta.

A teática (sinergia da teoria conjugada à prática) profunda da multidimensionalidade nos mostra que crescemos muito mais lembrando nosso último período entre vidas que recuperando as memórias de várias vidas intrafísicas anteriores, repetitivas e semiconscientes. Esta pode e deveria ser a meta prioritária das retrocognições.

A retrocognição é vista dentro da Conscienciologia e da Projeciologia como um importante instrumento evolutivo de autopesquisa e de autoconhecimento, e não somente como um meio terapêutico. Na verdade, as retrocognições são inevitáveis no processo de amadurecimento da consciência. Quanto mais a consciência amadurece, mais se lembra de suas experiências passadas, e quanto mais se lembra, mais pode amadurecer.

É importante enfatizar que, ao contrário do que muitas pessoas acreditam, a hipnose não é o único meio de acesso a esta realidade. Existem várias outras formas em que o autopesquisador não necessita da atuação de nenhuma outra consciência além de seus amparadores. Conforme será discutido no decorrer deste livro, o recurso da sugestão hipnótica deve ser visto como *conduta-exceção* e não como *conduta-padrão.*

Conscienciologia e Projeciologia

A Conscienciologia e a Projeciologia, ciências nas quais está apoiado este presente trabalho, foram propostas pelo médico, odontólogo e pesquisador independente brasileiro Waldo Vieira.

Estimulado, desde jovem, por suas vivências de projeções conscientes e vários outros fenômenos parapsíquicos, alicerçado em décadas de estudos e pesquisas autodidatas e multidisciplinares em sua biblioteca pessoal de mais de 60 mil obras, e amadurecido pela interação com o público em incontáveis palestras, cursos e conferências, o professor Waldo Vieira publicou suas duas obras principais – *Projeciologia: Panorama das Experiências da Consciência Fora do Corpo*

Humano, em 1986; e *700 Experimentos da Conscienciologia*, em 1994.

Estes tratados lançaram ao público e à comunidade científica a Projeciologia e a Conscienciologia, às quais vêm conquistando espaço internacionalmente como ciências de ponta não-convencionais que estão reinserindo a consciência no contexto da Ciência, a qual descartou-a de sua área de atuação há aproximadamente 300 anos, quando privilegiou o que, nos dias atuais, é denominado paradigma materialista e reconhecido por muitos como esgotado.

A Conscienciologia, como a própria expressão indica, estuda a consciência em si, porém de maneira integral, multidimensional e multiexistencial, procurando analisá-la, de modo tão sistemático e matemático quanto possível, em todos seus estados, capacidades, aspectos, atributos e manifestações.

Com uma abordagem mais ampla do que a da Medicina, Psicologia ou Física, por estender-se além da manifestação intrafísica – cerebral e material –, a Conscienciologia avança em áreas como a classificação dos níveis evolutivos, os tipos conscienciais, a cosmoética e as melhores estratégias para a conquista da maturidade consciencial, da desperticidade e do serenismo.

Enquanto a Conscienciologia tem uma abordagem mais ampla, na Projeciologia predomina o enfoque vivencial e fenomenológico da multidimensionalidade. Desta forma, o objetivo básico da Projeciologia é estudar todas as formas de descoincidências ou manifestações da consciência quando total ou parcialmente fora do encaixe perfeito com o corpo humano, além das manifestações bioenergéticas da mesma.

Apesar de ter nascido antes da Conscienciologia, a Projeciologia insere-se, junto com várias outras áreas, como uma subdisciplina da primeira – algo como a Fisiologia dentro da Biologia.

A Projeciologia defende a Hipótese do Corpo Objetivo, ou seja, a de que a projeção lúcida (projeção da consciência, experiência-fora-do-corpo) é uma manifestação da consciência fora do corpo físico através de um corpo sutil, porém real (o psicossoma), e não uma mera atividade onírica, aparentada do sonho e da alucinação, como defendida por muitos pesquisadores que não são projetores conscientes.

Desta forma, a Conscienciologia engloba também a Holossomática – o estudo da constituição e mecanismos do holossoma – conjunto formado pelo soma (corpo físico), energossoma (corpo energético, duplo etérico), psicossoma (perispírito, corpo astral) e mentalsoma (corpo mental).

De acordo com esta abordagem, um amplo leque de fenômenos tipicamente humanos, ditos paranormais, são incluídos dentro do campo conscienciológico e projeciológico. Ao todo são aproximadamente 54 fenômenos básicos, dos quais vale a pena ressaltar: morte ou projeção final; EQM ou experiência da quase-morte relatada pelas pessoas que retornaram à vida após algum acidente, doença ou trauma; autoscopia ou visão do próprio corpo; clarividência ou capacidade de ver realidades extrafísicas ou cenas distantes; estado de cosmoconsciência; bilocação física ou manifestação tangível em dois locais ao mesmo tempo; e, dentre muitos outros, a precognição ou premonição e a retrocognição ou rememoração de vivências intra ou extrafísicas passadas, temas básicos da presente obra.

O Paradigma Consciencial

A Conscienciologia e a Projeciologia, como qualquer outra ciência, também têm sua base filosófica ou seu paradigma, neste caso o Paradigma Consciencial.

Há o consenso atual de que o cérebro humano é o objeto mais complexo conhecido. A consciência, para aqueles que vivenciam projeções lúcidas, é obviamente uma entidade independente do cérebro físico, pois o projetor nota-se desperto e ativo fora do corpo físico. Portanto, estudar a consciência (justamente o que é capaz de fazer Ciência), que está além do cérebro e que o controla, é uma pretensão digna do verdadeiro espírito científico.

Deste modo, conclui-se que para estudar a consciência são necessárias novas metodologias e técnicas. Não é possível estudá-la diretamente através de aparelhos, por mais sofisticados que sejam, como é usual dentro do atual paradigma materialista convencional (newtoniano, cartesiano, positivista, reducionista, fisicalista), através do qual são medidos, no máximo, alterações fisiológicas e/ou psicológicas que são apenas resultados indiretos da manifestação daquela consciência específica.

A conclusão óbvia é que, para estudar a consciência, é necessário usar a própria consciência. Isto leva inevitavelmente à pesquisa participativa, onde o pesquisador é, na maioria das vezes, também a cobaia, enquanto que sua vivência diária, dentro do corpo e fora dele, é seu laboratório consciencial.

Esta é a essência do Paradigma Consciencial, o qual funciona como ponto de partida para as abordagens da Conscienciologia e da Projeciologia.

SUBDISCIPLINAS DA CONSCIENCIOLOGIA

A partir da proposição de especialidades e subcampos da Conscienciologia, feita por Waldo Vieira, e visando os pesquisadores técnicos da consciência, pode-se classificar a temática deste livro dentro das seguintes disciplinas:

- **Mnemossomática:** estudo da memória e seus sistemas.
- **Evoluciologia:** ciência da evolução da consciência.
- **Intermissiologia:** ciência dos períodos intermissivos.
- **Ressomática:** estudo do ressomar, ou renascer, e da vida física.
- **Proexologia:** ciência da programação existencial e suas implicações.

- **Dessomática:** estudo do dessomar ou das mortes. Tanatologia expandida pelo paradigma consciencial.
- **Experimentologia:** estudo e aplicação de técnicas, experimentos, fórmulas e otimizações visando a aceleração evolutiva.
- **Paracronologia:** o registro e medida do tempo e seus eventos sob o ponto de vista multidimensional.
- **Para-história:** a história de outras dimensões e estudo dos acontecimentos multidimensionais e sua influência sobre a dimensão física.
- **Conscienciοterapia:** a terapia da consciência de forma integral.
- **Paraterapêutica:** a terapêutica através dos veículos sutis da consciência.

2

CONSCIÊNCIA E SEUS ATRIBUTOS

Com uma série de existências, incontáveis atributos, inúmeras memórias, várias inteligências, alguns egos e quatro veículos de manifestação é inevitável concluir que a consciência é o objeto de estudo mais complexo que se pode vislumbrar neste momento evolutivo.

CONCEITUAÇÃO

O objeto central de estudos das ciências Conscienciologia e Projeciologia é a consciência e, inevitavelmente, suas distintas formas de manifestação.

Consciência é entendida, dentro destas ciências, não somente como o estado consciente ou como a voz interna da razão e da ética pessoal (superego), e sim como a própria entidade que é capaz de ser ou estar consciente. Neste sentido, como base ou substrato da individualidade inteligente, muito além da matéria e da energia, consciência pode ser entendida por muitos como espírito, alma, *eu*, essência, *atman, self*, ou mesmo, com certa aproximação, ego e personalidade.

Nesta acepção entende-se que *somos consciências* e não que *temos consciências.* Muitas vezes ouve-se as pessoas dizendo: "Minha consciência (ou alma, ou espírito) saiu de mim esta noite". Neste caso é fácil perceber a má interpretação do indivíduo que se identifica com seu corpo e pensa que este possui uma consciência, quando o correto é justamente o oposto: somos todos consciências, as quais possuem corpos.

Muitas vezes a consciência é identificada como sendo uma forma de energia sutil. Este é outro sério erro conceitual, pois matéria e energia são a mesma coisa e uma pode ser transformada na outra. Nesta linha de raciocínio, se a consciência fosse algum tipo de energia, poderia ser transformada em matéria, o que não tem absolutamente nenhum sentido.

Da mesma maneira que é difícil definir precisamente, com frases curtas, o que é matéria, energia ou vida – apesar de todos entenderem bem o que se quer dizer com cada uma destas palavras – neste momento ainda é bastante difícil conceituar consciência de maneira mais objetiva e acadêmica. Para suplantar esta dificuldade, será fornecida uma lista de características, propriedades ou atributos destes conceitos, de modo a associar ideias e experiências prévias, a fim de ampliarmos, dentro de nós, o seu entendimento.

Matéria:

- possui massa;
- manifesta a força conhecida como peso, quando submetida a um campo gravitacional (massas se atraem);
- é composta de moléculas, átomos e subpartículas, em diversas formas de organização;
- apresenta volume, ou seja, ocupa certa porção do espaço;
- pode ser transformada em energia (segundo $E=mc^2$).

Energia:

- pode realizar trabalho;
- não é criada nem destruída, só transformada;
- apresenta-se sob múltiplas formas, sendo passível de conversão;
- em suas transformações afeta a entropia do sistema, tendo esta a tendência a aumentar;
- pode ser transformada em matéria (segundo $E=mc^2$).

Vida:

- possui metabolismo;
- manifesta crescimento;
- usa reprodução (manutenção da espécie);
- apresenta impulso de sobrevivência (preservação do indivíduo);
- é baseada em carbono (pelo menos nas formas de vida conhecidas).

ATRIBUTOS CONSCIENCIAIS

Podemos nos aproximar do conceito de consciência, enumerando suas principais características, propriedades ou atributos:

- **Autoconsciencialidade:** capacidade da consciência de reconhecer-se como tal; de saber que existe; de ser consciente a respeito de si mesma. É a base da lucidez.
- **Individualidade:** propriedade de existir, ser, atuar e decidir, até certo ponto, como um indivíduo autônomo e independente. Juntamente com a racionalidade, compõe o livre arbítrio.
- **Evolutividade:** potencialidade de evoluir, amadurecer, ou de tornar-se e fazer-se cada vez mais capaz, adaptada, complexa, sofisticada, hábil e poderosa. Baseia-se no aprendizado, que, por sua vez, é função da memória.
- **Multidimensionalidade:** característica intrínseca da consciência que lhe permite manifestar-se, apresentar-se, perceber e atuar em distintas dimensões, realidades ou universos paralelos.
- **Racionalidade:** atributo do indivíduo que lhe permite pensar, computar, comparar, ponderar, analisar e processar dados, impressões ou percepções. Engloba vários

módulos de inteligências. Combinado com a hiperacuidade forma o discernimento.

- **Hiperacuidade:** também conhecida como lucidez (derivado do latim *lux*: luz, claridade), é a capacidade da consciência de ser ou estar desperta, alerta, atenta, concentrada e ligada a todas as suas percepções, seu momento e lugar, e dos antecedentes (causas passadas) e consequências (efeitos futuros) de seus pensenes, ou seja, de seus atos, decisões, intenções e pensamentos. Composta com a multidimensionalidade, resulta a autoconscientização multidimensional (AM): capacidade de estar lúcido em qualquer dimensão, percebendo-a, mudando o foco ou sintonia da consciência para distintas faixas dimensionais com eficiência e continuísmo.
- **Vontade:** impulso motriz básico, essencial, primário da consciência. Corresponde ao dimensionamento e aplicabilidade (onde, quando, como, porque) dos pensenes. Associado à racionalidade forma a intencionalidade.
- **Atenção:** mecanismo de concentração, focalização (nitidez) e *zoom* (mais estreito ou mais abrangente) das percepções (*inputs*) ou manifestações (*outputs*) do indivíduo.
- **Perceptibilidade:** indica a capacidade da consciência de captar, perceber, sentir, *escanear* e sensorear a si mesma, seus veículos de manifestação, outras consciências ou o ambiente externo. É o conjunto de canais de *inputs* do ser. A consciência não vive isolada do meio ambiente (autista) e sim reage ao meio exterior e a seus estímulos. Intrafisicamente, manifesta-se com os sentidos físicos convencionais. Juntamente com a multidimensionalidade, forma a paraperceptibilidade.
- **Sentimentalidade:** atributo que possibilita a existência de processos emocionais, afetivos ou sentimentais do indivíduo. Quando da predominância do mentalsoma, manifesta-se como sentimentos mais transcendentes (fra-

ternidade, respeito à vida, impulso de auxílio à evolução, altruísmo). Nos casos de predominância do psicossoma, apresenta-se como emoções (alegria, tristeza, ódio, medo e paixão, dentre muitas outras). Combinada com o discernimento, forma a assistencialidade.

- **Bioenergeticidade:** capacidade da consciência de usar as bioenergias como ferramenta de atuação ou canal de percepção. Toda e qualquer ação da consciência, pelo menos quando externa a ela, é realizada através da aplicação de várias formas de bioenergia, às quais se transferem e se transformam, através do holossoma, no sentido da consciência para o soma ou vice-versa. Juntamente com a intencionalidade e a sentimentalidade forma a pensenidade.
- **Holossomaticidade:** propriedade da consciência de usar vários veículos para manifestar-se, os quais expressam capacidades específicas e que estão adaptados a distintas dimensões.
- **Memória:** habilidade de armazenar e recuperar informações na forma de experiências, vivências, percepções e mesmo funções internas do ser. É impossível imaginar ou conceber uma consciência sem nenhum tipo de memória, pois, como um dos principais e mais complexos atributos da consciência, é a base da evolução. Sem memória, as consciências seriam sempre iguais.
- **Serialidade:** conjunto ou série de ressomas (renascimentos), vidas físicas, dessomas (mortes) e intermissões (períodos entrevidas) da consciência, em diversos planetas, civilizações, culturas e dimensões, para obtenção de aprendizado e resolução de problemas do passado.
- **Complexidade:** também chamado de multiplicidade. Com uma série de existências, incontáveis atributos, inúmeras memórias, várias inteligências, alguns egos e quatro veículos de manifestação na contabilidade consciencial, é inevitável concluir que a consciência

é muito complexa, múltipla, polimórfica e multifacetada. Na realidade, é o objeto de estudo mais complexo que se pode vislumbrar neste momento evolutivo.

A consciência existe e não pode ser destruída, não pára e não pode ser parada, não silencia e não pode ser silenciada, manifesta-se e não pode ser isolada. Sua mera existência, por mais limitada e *autista* que seja, perturba o universo e as outras consciências, criando e mantendo laços energéticos com tudo e todos. *Só por existir a consciência age.*

3

MEMÓRIA

Provavelmente até mesmo as experiências mais longínquas da consciência, quando esta era algum ser unicelular, vegetal ou animal subumano, e mesmo as vivências já como ser autoconsciente, em outros planetas, antes da transmigração para a Terra, estejam incluídas na memória da consciência.

Definição

A palavra memória pode ser entendida em várias de suas diferentes acepções ou nuanças. Para os objetivos deste trabalho importam os seguintes significados:

01. Faculdade ou capacidade mental de retenção, registro, preservação e armazenamento, e posterior evocação, acesso ou recuperação de experiências, fatos e eventos passados, bem como de ideias, impressões, sensações, emoções e conhecimentos adquiridos anteriormente.
02. Ato ou instância de reter e recuperar experiências, imagens, etc. Exemplo: "desenhar de memória".
03. Tudo que uma pessoa pode lembrar. Exemplo: "aconteceu na minha memória".
04. Esta faculdade como atributo de um indivíduo em particular. Exemplo: ter uma boa memória fotográfica.
05. Lembrança, reminiscência, rememoração e recordação específicas. Pessoa, fato ou impressão trazida de volta. Algo lembrado. Exemplo: "agradáveis memórias da infância".

06. Período de tempo coberto pelas lembranças ou rememorações de uma pessoa ou grupo. Exemplo: "compreendido na memória da humanidade".
07. Estado ou fato de ser lembrado. Exemplo: "dedicado à memória de seu pai".
08. Vestígio, lembrança, sinal.
09. Aquilo que serve de lembrança.
10. Modificação duradoura do comportamento resultante de uma experiência do animal (Biologia).
11. Habilidade de células do sistema imunológico de responder a um antígeno previamente encontrado (Imunologia).

Apesar de não estarem diretamente ligadas aos processos conscienciais, as seguinte definições, por analogia e associação de ideias, enriquecem o contexto deste estudo:

- Fama ou renome de uma pessoa ou coisa, especialmente após a morte.
- Relação, relato, narração.
- Propriedade de certos materiais, normalmente metais e plásticos, de retornar ao seu formato ou estado original após deformação (física do estado sólido).
- Conjunto dos eventos passados que afetam um dado evento em processos estocásticos (estatística).
- Dispositivo no qual informações podem ser introduzidas, conservadas e do qual podem ser posteriormente recuperadas; armazenador; dispositivo de armazenamento (processamento de dados).

Da mesma raiz da palavra memória, originaram-se várias expressões, tais como: memorável; rememorar; memorando; comemorar; memorial; e memento.

Conceitos Relacionados

Mnemônica – Arte e técnica de desenvolver e fortalecer a memória mediante processos artificiais auxiliares, como, por exemplo: a associação daquilo que deve ser memorizado com dados já conhecidos ou vividos; combinações e arranjos; imagens; etc. Sinônimos: mnemotecnia, mnemotécnica.

Engrama - Unidade de memória; *memory trace*; alteração física ou codificação que se pensa ocorrer nos tecidos neurais vivos em resposta a estímulos, a qual é usada como uma possível explicação para as bases físicas da memória e sua persistência. Possivelmente manifesta-se como circuitos neurossinápticos específicos para cada memória.

Mnemosina – Na mitologia grega, a deusa da memória. Ela e Zeus, pai dos deuses, foram os progenitores de nove musas. Mnemosina foi um dos Titãs pré-olímpicos, os quais eram filhos do deus do céu, Urano, e da deusa da Terra, Gaia.

Mecanismos e Características

A memória é uma das principais aquisições evolutivas dos seres vivos superiores e, no caso do ser humano, tem papel central nos processos de aprendizado, cognição e comportamento inteligente. Mesmo assim, é um dos processos menos compreendidos do corpo humano e muitas teorias, algumas vezes antagônicas, foram propostas para explicar seus mecanismos.

Alguns pesquisadores propõem que memórias são armazenadas em regiões específicas e especializadas do cérebro, enquanto outros afirmam que várias áreas distintas do cérebro trabalham juntas na expressão de uma determinada memória. Cada uma destas versões pode ser comprovada por experimentos específicos e, baseado no fato da existência de múltiplos tipos de memória, conclui-se que é provável que ambos os tipos de processos possam estar envolvidos. De qualquer modo, as regiões do cérebro consideradas estreitamente associadas à memória são o córtex cerebral, o tálamo e o hipocampo.

Contudo, alguns consensos existem, como o de que o armazenamento da memória requer mudanças na estrutura fisioquímica de neurônios e de suas sinapses. Assume-se também que o sistema límbico e suas estruturas (principalmente o hipocampo) tenham papel central no controle e organização da memória, atuando como centro de comando. Algumas pesquisas levam a crer que circuitos neuroniais entre a amígdala e o tálamo participam nos processos de memórias emocionais, enquanto que outros circuitos entre o hipocampo e o tálamo estão envolvidos na memória espacial.

O ser humano tem, em média, 20 bilhões de neurônios em seu encéfalo. Cada um dos neurônios conecta-se a outros neurônios (de 100 a 100 mil outros) através das sinapses. O ser humano nasce com aproximadamente 30% de suas sinapses já prontas e o restante vai sendo estabelecido, de maneira dinâmica, ao longo da vida.

Toda função biológica, ação motora, percepção física, pensamento ou memória usa um determinado conjunto de circuitos neuroniais. Cada impulso nervoso, transmitido através de cada um destes circuitos, passa por vários neurônios em sequência. Este impulso é transmitido na forma de condução elétrica (despolarização), ao passar pelo neurônio, e na forma de transmissão química (neurotransmissor – receptor) ao cruzar o intervalo (sinapse) para o próximo neurônio.

A condução de um impulso nervoso altera as características químicas, elétricas e estruturais das ramificações dos neurônios (dendrites e axônios). Tal alteração pode ser momentânea, breve, de longa duração ou mesmo permanente. Normalmente tais alterações tornam-se mais permanentes com a própria repetição de uso daquele circuito.

Desta forma, as memórias estariam relacionadas a circuitos específicos que já foram formados a partir de percepções sensoriais ou experiências anteriores. Tais circuitos podem ser reativados em um dado momento, reproduzindo o tipo de informação ou percepção que o criou, resultando em processos neurológicos que chamamos memória.

Uma nova memória é mais facilmente registrada e mantida se puder ser associada a outras preexistentes. Normalmente a retenção da memória é maior quando distintos tipos de estímulos confluem e se somam no registro da mesma experiência. Por exemplo, é mais fácil memorizar informações obtidas na forma de multimídia computadorizada (texto, sons, fotos, gráficos, animação, filmes – apresentados ao mesmo tempo). Quanto maior o número de circuitos estimulados, mais aquele registro tende a ser estável. Pelos mesmos motivos, o interesse, por envolver emoção, reforça memórias.

Devido a região do cérebro que lida com emoções também estar envolvida com o mecanismo de processamento da memória (sistema límbico), observa-se estreita e poderosa relação entre emoção e memória. Há a tendência das memórias de situações que envolveram intensas emoções serem mais estáveis e duradouras. Igualmente, determinadas emoções podem evocar certas lembranças específicas. Além disto, eventos emocionais, dor ou sofrimento físico, por um mecanismo de instinto de sobrevivência, estimulam a produção de certos hormônios (dentre eles a adrenalina) que aumentam o nível de vigília do indivíduo e estimulam os receptores especializados nos dendrites dos neurônios, causando sua ativação. Ou seja, ao longo da evolução biológica, vários seres vivos desenvolveram a priorização do registro de eventos que possam ser críticos à sua sobrevivência. Contudo, o estresse de longo prazo causa saturação dos neurônios e seus circuitos, levando à hipomnésia.

A relação emoção-memória é extensivamente usada na mnemotécnica com o objetivo de intensificar a memorização, na forma de associação de novas informações com situações ou imagens prazerosas ou divertidas.

Ao estudar-se os mecanismos da memória e seus inúmeros tipos, depara-se com uma interessante observação: parece existir certa forma de hierarquia de memórias. As formas de memória mais complexas - adquiridas mais recentemente em termos de evolução genética - estariam no topo, superpondo-se a memórias cada vez mais simples e antigas (também em termos de evolução biológica). As memórias mais sofisticadas - baseadas no córtex cerebral - são em geral mais frágeis e sujeitas a esquecimentos, enquanto que as mais primitivas - baseadas no sistema límbico - são mais estáveis e permanentes. A memória nominativa - complexa - estaria no topo da hierarquia, e vem a ser uma das primeiras a sofrer no caso de qualquer hipomnésia, ao passo que a memória hábil - mais primitiva - raramente é afetada. Esta hipótese se ajusta à teoria moderna do cérebro desenvolvido em camadas ao longo da evolução, sendo que as mais externas correspondem às mais novas.

Etapas da Memória

O processamento da memória, como um todo, pode ser dividido em 5 etapas:

1. **Percepção** - Processo de captação de informação ou estímulo, normalmente originária em algum órgão dos sentidos;
2. **Codificação** - Processo pelo qual a informação percebida é introduzida na memória. A codificação inicial parece ocorrer no sistema límbico;
3. **Armazenamento** - Processo através do qual a informação codificada é mantida na memória;
4. **Recuperação** - Processo de endereçamento, localização e uso da informação armazenada anteriormente;
5. **Esquecimento** - Processo de apagamento ou distorção da informação armazenada.

MECANISMOS DE LEMBRANÇA

Tecnicamente são reconhecidas hoje 4 distintas formas, ou mecanismos, de reacesso ou evocação de memórias:

1. **Rememoração** – *Recollection* – reconstrução de eventos ou fatos a partir de pistas ou estímulos que servem como lembretes ou *ganchos*;
2. **Recuperação** – *Recall/Retrieval* – recordação ou lembrança espontânea de algo do passado (sem estímulo ou ajuda);
3. **Reconhecimento** – *Recognition* – habilidade de identificar corretamente certos estímulos previamente recebidos como familiares;
4. **Reaprendizado** – *Relearning* – mecanismo que torna mais fácil aprender pela segunda vez algo previamente aprendido e aparentemente esquecido (reminiscência de memória), do que aprender algo totalmente novo.

Nem sempre estes mecanismos funcionam igualmente, como no caso em que se pode reconhecer o rosto de alguém (reconhecimento ativo) mas é impossível lembrar seu nome (recuperação falha). Muitas vezes, uma lembrança pode ser, também, parcial ou imprecisa como no caso de, ao esforçar-se para lembrar uma palavra, alguém ser capaz somente de recuperar sua primeira letra e o número de sílabas.

Em outras situações, uma determinada memória só pode ser recuperada sob condições similares às que existiam quando foi armazenada (ambientais e emocionais, por exemplo). Quando recuperada ou rememorada sob a mesma situação que existia quando foi originalmente codificada, esta é chamada de *recuperação contexto-dependente*. Quando evocada sob o mesmo estado psicológico ou fisiológico existente no momento de seu registro é chamada de *recuperação estado-dependente.*

Em qualquer um dos processos citados, a memória reacessada está sujeita a alteração, dependendo das tendências, valores, necessidades ou expectativas do indivíduo. Algumas vezes, entretanto, o reacesso é fidedigno.

Uma particularidade que pode ilustrar alguns dos mecanismos de evocação de memórias é o caso da tentativa de lembrar de uma lista de informações em sequência. Neste caso, há a tendência de lembrar-se mais dos itens iniciais e finais que dos centrais.

O mecanismo de reaprendizado evidencia que uma memória não é perdida, simplesmente perde sua intensidade, ou o cérebro perde seu endereço ou índice e não tem como localizá-la.

Outra evidência a favor desta hipótese são as evocações de memórias aparentemente esquecidas – ou inconscientes – obtidas através de recursos externos, tais como a hipnose. Experimentos com este fim mostraram que alguém poderia lembrar sob hipnose do número de postes que havia no seu trajeto de casa até o trabalho, sendo que o indivíduo nunca os havia contado e, portanto, antes da hipnose, não era capaz de dizer quantos eram. O transe hipnótico já foi usado também em investigações policiais para ajudar uma testemunha passiva a lembrar de uma conversa ou cena que havia escutado ou visto inconscientemente, por haver estado no mesmo ambiente, a qual porém era incapaz de relembrar por si mesma.

Tais fatos nos levam a crer que é possível que memorizemos absolutamente tudo que nos chega através dos sentidos físicos. Com o tempo, somente as memórias prioritárias (reativadas regularmente) são mantidas como recuperáveis, sendo as demais estocadas em algum banco de dados menos acessível, como o chamado subconsciente ou inconsciente.

Se isto for correto, pode-se inferir a quantidade inimaginável de informações que são armazenadas a cada dia. O processo do sonhar parece ter um papel essencial na triagem, priorização, organização e rearmazenamento dinâmicos desta enorme massa de dados.

MECANISMOS DE ESQUECIMENTO

A curva de esquecimento (quantidade de dados esquecidos por tempo) geralmente é logarítmica, ou seja, há uma alta taxa de perda de dados logo após seu armazenamento e, com o tempo, esta taxa diminui.

Diferentes mecanismos participam da aparente perda (ou incapacidade de recuperação) de informações. A saber:

1. **Atenuação** – com o passar do tempo, no caso de desuso, um determinado circuito neuronial desconecta-se através da desativação natural das modificações fisioquímicas instaladas quando de seu armazenamento. Outras formas de deterioração cerebral concorrem para este tipo de esquecimento, como a arteriosclerose e mal de Alzheimer.

2. **Distorção** – a memória inicial vai perdendo precisão ao longo do tempo, podendo, inclusive, ser alterada em seu conteúdo.

3. **Interferência**

   - *Inibição retroativa* – novas memórias, ao compartilhar certos neurônios e sinapses com outros circuitos preexistentes, interferem com memórias mais antigas, ou mesmo as substituem.

   - *Inibição proativa* – memórias antigas, quando mais estáveis e intensas, interferem com a retenção das novas.

4. **Repressão** – alguns esquecimentos podem ser motivados pelos desejos ou necessidades do indivíduo, geralmente na forma de um mecanismo de defesa do ego semiconsciente.

Apesar de parecer indesejável, o esquecimento representa um processo importante para o indivíduo, pois lhe permite: o descarte de informações que deixaram de ser úteis; a formação de novas memórias, prioritárias na maior parte das vezes; e a focalização no presente.

NÍVEIS DE MEMÓRIA

Em termos de seu período de vida e de seus respectivos mecanismos de retenção, as memórias são classificadas em 3 níveis:

1. **Imediata** (ou sensorial) – *1º estágio do armazenamento.* Memória de curtíssimo prazo (ordem de poucos segundos), corresponde à habilidade de reter informações pelo tempo suficiente para manter uma sequência de pensamentos; realizar uma tarefa de forma coerente; ou para que estímulos sensoriais possam ser registrados. É limitada na quantidade de informação que pode ser armazenada em um momento dado e também em sua duração. Quanto mais intenso é o estímulo original, mais tempo permanece. Nem todas as informações armazenadas neste nível são transferidas para o nível de curto prazo.

2. **Curto prazo** – *2º estágio do armazenamento.* Memória de transição, basicamente bioelétrica, que é mantida acessível durante um período de tempo da ordem de, no máximo, alguns poucos minutos. Funciona como interface entre a memória imediata (nova percepção) e a de longo prazo (engrama). Tal memória é mantida enquanto determinado circuito neurossináptico é temporariamente mantido ativo, através da condução de impulsos nervosos. Exemplo: número de telefone que é lido na lista telefônica e que é esquecido logo após a conclusão da chamada. Algumas pesquisas apontam para o fato de que, em média, pode-se manter, no máximo, 7 itens de informação na memória de curto prazo em um determinado momento e que há a tendência na-

tural de agrupar as informações isoladas em conjuntos maiores. Treino e técnicas podem aumentar a quantidade de informação armazenada e seu tempo de retenção. Nem todas as informações armazenadas neste nível são transferidas para a memória de longo prazo.

3. **Longo prazo** – *3º estágio do armazenamento.* Memória mais permanente, às vezes indelével, baseada na estruturação de arquiteturas neurossinápticas estáveis. A partir da memória de curto prazo, transforma-se em memória de longo prazo pela repetição ou intensificação dos impulsos conduzidos por aquele determinado circuito. Quanto mais um determinado circuito é utilizado, maior é sua tendência ou predisposição para a condução nervosa. Nesta acepção, cada circuito específico pode ser considerado um engrama de memória. Esta memória parece ser ilimitada em termos de capacidade e duração.

Existe uma tendência natural das memórias serem *promovidas* de um nível para o imediatamente superior. Se um dado não chega a ser codificado como memória de longo prazo, será esquecido.

Alguns pesquisadores teorizam que cada um destes níveis opera através de distintos mecanismos, e que suas respectivas informações são armazenadas em diferentes áreas do encéfalo.

Tipos de Memórias

O soma, ou corpo físico, quando estudado sob o ponto de vista de sistema de memórias da consciência, é chamado de mnemossoma.

1. FÍSICA – ou somática. Memória armazenada, processada e recuperada no/pelo soma:

- **Encefálica** – Memória baseada no sistema nervoso central. Em termos de memória encefálica, pode-se reconhecer hoje os seguintes tipos:

  a. **Hábil** – Memória de habilidades motoras e coordenação de movimentos, ou seja, da psicomotricidade. Memória mais primitiva, estável, e de maior retenção. É a memória fundamentalmente cerebelar que permite o caminhar ou, por exemplo, que alguém volte a andar de bicicleta novamente depois de várias décadas. Este tipo de memória permite que o indivíduo realize as atividades motoras rotineiras sem grande participação de seus processos conscientes, possibilitando, inclusive, a realização concomitante de uma ou mais tarefas intelectuais (por exemplo, ler um livro enquanto caminha na esteira, ou tricotar ao mesmo tempo em que conversa com alguém).

  b. **Factual** – Memória de experiências, fatos, eventos, acontecimentos e seus contextos. É mais complexa que a hábil e tecnicamente subdivide-se nos tipos a seguir:

  – *Visual* – Faculdade de reter e de lembrar posteriormente de pessoa, coisa ou fato vistos. Baseada na área visual do córtex cerebral. Para o ser humano, animal essencialmente diurno, o sentido da visão e sua respectiva memória tem importante papel para o desenvolvimento da consciência. Esta supremacia natural da visão pode ser ilustrada pelos movimentos rápidos oculares naturais do sono, os quais representam uma simulação da realidade física. A memória visual possibilita a chamada memória fotográfica.

  – *Auditiva* – Capacidade de recuperar o que foi ouvido: sons simples ou complexos, palavras e frases. Baseada na respectiva área sensorial do córtex cerebral. Exemplo: indivíduos que costumam estudar lendo em voz alta podem estar demonstrando ter memória auditiva melhor que visual.

- *Tátil* - Memória de percepções táteis percebidas anteriormente. Baseada na respectiva área sensorial do córtex cerebral. Permite ao cego ler braile.

- *Olfativa* - Memória de odores já experimentados. Baseada na respectiva área sensorial do córtex cerebral. Permite identificar a presença de alguém pelo seu costumeiro perfume ou odor. Pouco atuante no ser humano, é especialmente desenvolvida em vários animais, como o cão por exemplo (a raça *Beagle* tem sensibilidade olfativa 1000 vezes mais desenvolvida que o *Homo sapiens sapiens*).

- *Gustativa* - Memória de sabores anteriormente experimentados. Baseada na respectiva área sensorial do córtex cerebral. Permite descobrir ingredientes em determinado prato.

- *Espacial* - Memória de posicionamento relativo de objetos no espaço, bem como de distâncias e dimensões. Holograma tridimensional interno que permite a uma pessoa caminhar por um ambiente conhecido, no escuro, sem chocar-se contra a mobília.

- *Musical* - Capacidade de retenção de ritmos, melodias e harmonias musicais. É diferente da pura memória auditiva, pois muitas vezes podemos lembrar da melodia de uma canção, mas não de sua letra, ou vice-versa.

- *Afetiva* - Usada nos exercícios para atores segundo o método de Stanislavski (teatro), pelos intérpretes que evocam as memórias de suas experiências anteriores de vida, para que construam e representem seus personagens com o máximo de autenticidade e verdade psicológica.

- *Numérica* – Memória de números e quantidades.

- *Nominativa* – Memória de nomes, títulos, classificações, conceitos, associações ou qualificações. É a memória de conexões internas que associa diferentes memórias e as indexa através de símbolos (nomes). Está provavelmente baseada nos lobos frontais. Tem certa semelhança com as memórias projetivas e de retrocognições por não ser diretamente estimulada ou alimentada por nenhum circuito sensorial. Geralmente sua diminuição pode indicar ou antecipar dificuldades de rememoração de projeções conscientes.

- **Subcerebral** – Memória instintiva associada ao subcérebro abdominal, contendo as programações que possibilitam a manutenção das funções vegetativas básicas desempenhadas pelo sistema nervoso autônomo daquela região. Temos mais neurônios em nosso abdômen do que muitos animais têm em seus crânios.

- **Bioquímica** – Várias pesquisas atuais apontam para a hipótese de que algumas memórias simples são armazenadas na forma de substâncias químicas específicas, as quais podem, inclusive, estar espalhadas pelo corpo todo e fluindo pela corrente sanguínea. Foram observados casos de transferência de aprendizado entre animais simples (o verme aquático planária, por exemplo) depois da transfusão de certos fluidos corporais. Outro exemplo é a da memória imunológica, a qual permite a uma célula do sistema imune responder a antígenos que já tenha encontrado antes e permite ao corpo ter anticorpos preparados para defesa contra certas substâncias ou agentes patogênicos.

- **Genética** – Memória baseada nos genes e seu ADN. Permite a reprodução celular, produção de proteínas e controle do metabolismo da célula, segundo padrões estáveis e viáveis para manutenção do indivíduo e da espécie. Na embriogênese o soma em formação reprisa a evolução da vida neste planeta, apresentando características de peixe, réptil, ave, mamífero até chegar à forma humana bem constituída.

2. **EXTRAFÍSICA** – ou psicossomática. É a memória armazenada, processada e recuperada no/pelo psicossoma:

- **Paracerebral** – Memória baseada no paracérebro. É a chamada, por alguns pesquisadores da regressão de memória através de indução hipnótica, de memória extracerebral, por estar além ou fora do cérebro físico. Não se sabe ainda qual é a fisiologia do cérebro do psicossoma, porém pode-se supor que está baseada em uma matriz de pensenes (mnemopensenes, retropensenes), holopensenes e morfopensenes, mantida pelo fluxo de energias conscienciais. É a memória usada primariamente nas projeções conscientes e que depois tem que ser transferida para o cérebro físico para permitir as rememorações pós-projetivas. Constitui a base para o aprendizado durante os cursos intermissivos. Permite as retrocognições bem como as lembranças de projeções conscientes ocorridas anteriormente, as quais não eram lembradas enquanto dentro do corpo físico. Não se conhece ainda qual a natureza da especialização dos dois hemisférios do paracérebro e sua relação com os mecanismos da memória extrafísica.

- **Paragenética** – Uma das formas de manifestação do holopensene individual é a informação manifestada na própria constituição do psicossoma, como resultado do somatório das influências recebidas dos incontáveis somas anteriores com suas respectivas genéticas (*retrogenética*), bem como das vivências extrafísicas e, às vezes, de traumas afetivo-emocionais, intra ou extrafísicos.

A própria aparência do psicossoma é uma evidência da paragenética. O caso mais sério que se conhece de falha na mesma é a dos mutantes extrafísicos, os quais são consciências extrafísicas humanas que chegaram ao seu mais alto grau de desorganização íntima, a ponto de não poderem sustentar uma forma extrafísica estável. Enquanto neste estado, não são capazes de assumir um soma em formação e catalisar o desenvolvimento normal do novo corpo.

3. **HOLOMEMÓRIA** – também chamada de memória integral. É o banco de dados máximo da consciência, armazenado no mentalsoma, que contém todo o cabedal de vivências acumuladas pela mesma durante toda a sua evolução. Supõe-se que até as experiências mais longínquas da consciência, quando esta era algum ser unicelular, vegetal ou animal subumano, e mesmo as vivências já como ser autoconsciente em outros planetas, antes da transmigração para a Terra, estejam incluídas neste grande currículo consciencial multiexistencial. Desta forma, toda manifestação e percepção da consciência integra-se permanentemente à holomemória, que é a base primária do holopensene pessoal.

Variações

A memória pode variar em intensidade, alcance, profundidade e exatidão. Há casos em que estas variações estão ligadas a processos patológicos ou traumáticos:

- **Hipermnésia** – Grande capacidade de memorização e recuperação de informações; memória extraordinária, excelente. Pode ser resultado de treino, predisposição genética, macrossoma ou mesmo de atuação de certas drogas (efeito temporário). Popularmente chamada de memória de elefante ou memória de anjo.

- **Hipomnésia** – Pequena capacidade de memorização; memória fraca ou falha. Popularmente chamada de memória de galo. Algumas das principais causas de hipomnésia são:

  - *Senilidade* – Redução de memória devido à idade avançada ou degeneração de tecidos nervosos. O indivíduo tem acesso às suas memórias antigas (de longo prazo), porém apresenta grande dificuldade, ou mesmo impossibilidade, de lembrar-se de eventos recentes (de curto prazo). É comum nos casos de mal de Alzheimer ou arteriosclerose.
  - *Estresse* – Decréscimo da performance da memória causado pela tensão nervosa e permanente presença de adrenalina em alta concentração na corrente sanguínea. O estresse também esgota o suprimento de importantes substâncias como certas vitaminas e metais (oligoelementos).
  - *Falta de sono* – Como resultado de período de sono insuficiente, em qualidade ou extensão, a memória é afetada pela diminuição da possibilidade de desintoxicação orgânica e da reorganização natural de informações (desfragmentação) resultante do *sonhar.*
  - *Intoxicação* – A contaminação somática por determinadas substâncias, legais ou ilegais, pode afetar diretamente o cérebro e, consequentemente, a memória, como por exemplo certos medicamentos, várias drogas (principalmente as criminalizadas), metais pesados (mais comum: chumbo) e mesmo o corriqueiro alumínio, muito comum nas panelas em que são preparados os alimentos e presente na maioria dos desodorantes modernos, que afeta a memória de curto prazo.
  - *Traumas psicológicos* – Bloqueios de memória resultantes de mecanismos de defesa do ego, como a repressão de lembranças traumáticas.

- **Amnésia** – Perda da habilidade de lembrar. Manifesta em casos severos de hipomnésia, nos quais o indivíduo pode perder, por curto período de tempo, grande parte de sua capacidade de recuperar memórias, ou estar impossibilitado, para o resto desta existência física, de lembrar-se de certos períodos específicos de sua vida atual. Existem amnésias parciais, específicas, tais como a amnésia auditiva, amnésia visual e amnésia táctil. Normalmente é causada por traumas sérios, tais como concussões graves no crânio; choques elétricos, como no caso de raios; anestesia geral; intoxicação por drogas, inclusive álcool; hipóxia cerebral prolongada, comum nos casos de afogamento e parada cardiorrespiratória; doenças degenerativas dos tecidos nervosos; tumores cerebrais. Pode ainda ser causada por traumas emocionais na chamada amnésia histérica, ou por indução hipnótica.

- **Paramnésia** – Também conhecida como falsa-memória ou erro de memória, manifesta-se como a lembrança aparentemente natural e costumeira de cenas, fatos ou eventos, os quais, após análise mais profunda, inclusive apoiada pelo testemunho de outras pessoas, revelam nunca terem sido vistos, presenciados ou vividos. Nos casos mais brandos podem ocorrer quando sonhos, fantasias ou alucinações são relembrados, mais tarde, como eventos reais. Nos casos mais sérios, pode ser causada por estresse profundo, esgotamento mental por falta de sono e, principalmente, por assédio ou intrusão consciencial, quando as memórias estrangeiras do intrusor se misturam às do assediado por efeito da intensa intertransfusão de energias conscienciais e consequentes pensenes (telepatia inconsciente patológica). Quando a paramnésia ocorre de forma esporádica e superficial, pode ser considerada benigna, contudo, se ocorre profunda e frequentemente (conhecida na psiquiatria como confabulação), pode indicar lesões cerebrais sérias.

4

HOLOSSOMA

A consciência existe e não pode ser destruída, não pára e não pode ser parada, manifesta-se e não pode ser isolada. Só por existir, a consciência age.

A consciência em si não é matéria nem energia, estando além das limitações de espaço, tempo e formas. Contudo, para que a consciência possa se manifestar efetivamente em dimensões mais densas, como a dimensão intrafísica, esta se vale de veículos energético-materiais para sua manifestação.

Cada veículo manifesta atributos específicos da consciência, estando cada um deles adaptado à sua faixa dimensional específica. No seu conjunto, estes veículos são chamados de holossoma e, no caso da consciência intrafísica, é composto pelos seguintes corpos:

Soma

Também chamado de corpo físico, corpo biológico, corpo denso ou veículo celular. É o corpo mais denso de todos e o que permite a ação da consciência dentro da dimensão intrafísica. É o veículo que impõe o maior grau de restrição à consciência, por ser o mais primitivo deles.

Sua parte mais nobre é o sistema nervoso central, por ser este a sede da consciência e interface direta dos comandos da consciência sobre o corpo, e das percepções do corpo para a consciência. Apesar de ser o mais rudimentar de todos, ainda não utilizamos totalmente seu cérebro, pulmões e percepções.

A consciência troca de soma a cada vida intrafísica, tendo novamente que dominar e domesticar o novo corpo animal. A cada vida herdamos uma nova genética, informação esta que se integra à paragenética do psicossoma.

Em vidas anteriores, com certeza tivemos vários corpos bem diferentes uns dos outros, ou seja, de diferentes raças, compleições físicas, e de ambos os sexos. Podemos ir mais longe, afirmando que em um passado ainda mais remoto, quando vivíamos em outros planetas, nossos corpos eram provavelmente diferentes, por estarem adaptados a diferentes composições atmosféricas e condições gravitacionais e climáticas. Os somas, anteriormente utilizados, podem ser chamados de retrossomas.

ENERGOSSOMA

É o veículo energético responsável pela vitalização do soma, seus tecidos e células e que permite o controle do psicossoma sobre o soma. O energossoma, popularmente conhecido como corpo energético, duplo etérico, ou corpo vital, é a interface entre o psicossoma e o soma.

Apresenta uma para-anatomia, parafisiologia e parapatologia. Como parte de sua para-anatomia, podemos citar as estruturas energéticas conhecidas como chacras ou vórtices energéticos, os quais funcionam como órgãos do energossoma responsáveis pela absorção, metabolização e exteriorização de bioenergia.

Estes chacras interagem estreitamente com o sistema nervoso, central e autônomo, e também com o sistema endócrino. Existem ainda os canais de circulação destas energias, que são popularmente conhecidos como nadis ou meridianos da acupuntura.

Por ser o veículo que acopla a consciência ao corpo físico, vem a ser o responsável pelo processo da ressoma, renascimento ou, como popularmente é conhecido, reencarnação. De acordo com a qualidade de suas energias, a consciência pode ter uma vida mais livre e extrafísica ou uma vida mais material e intrafísica.

O energossoma é sustentado basicamente pela absorção permanente de energias naturais e também de energias conscienciais provenientes de animais e outras pessoas.

PSICOSSOMA

Veículo utilizado pela consciência primariamente durante o período intermissivo, ou seja, no intervalo entre vidas, e na maioria das projeções conscientes. É também conhecido como corpo astral, corpo emocional, ou perispírito.

Normalmente, o psicossoma apresenta as mesmas características visuais do soma atual (no caso da consciência intrafísica projetada) ou do último ou algum dos últimos somas (no caso da consciência extrafísica).

Contudo, o psicossoma manifesta características radicalmente diferentes do soma, tais como a emissão de luz, ausência de peso, invisibilidade, inaudibilidade, capacidade de passar através dos objetos materiais, invulnerabilidade a toda e qualquer influência física e, principalmente, a capacidade de assumir distintas formas, o que é coerente com o fato de termos um soma diferente a cada vida e do psicossoma adaptar-se a cada um deles.

O psicossoma é a matriz ou molde básico para a formação do corpo físico. Contribui com a paragenética na determinação das características gerais do soma. De certa forma, pode-se afirmar que o psicossoma é um morfopensene (popular: forma-pensamento) mantido pelo mentalsoma. Memórias, traumas, e eventos antigos ficam registrados na estrutura do psicossoma, principalmente no que se refere a emoções e afetividade.

A consciência, através do mentalsoma atua sobre o paracérebro ou cérebro do psicossoma, o qual é a primeira sede das memórias de experiências passadas, já que este mesmo paracérebro participou de cada uma das vidas e períodos intermissivos anteriores.

MENTALSOMA

Veículo de manifestação que, em nosso nível evolutivo, confunde-se com a própria consciência, já que até hoje não foi observada nenhuma forma de projeção em que a consciência abandonasse o mentalsoma ou nenhuma forma de percepção ou manifestação que fosse além da dimensão mental. Este veículo já foi estudado por escolas orientalistas, entre elas a teosofia, com o nome de corpo mental.

O mentalsoma é a sede primordial da consciência, origem dos atributos conscienciais do discernimento, lucidez, racionalidade e holomemória. É o repositório central, primário, de todas as nossas experiências evolutivas.

Este veículo transcende completamente as noções humanas de espaço, tempo, forma, emoção e sexo. Não é um corpo em si, pois não tem tamanho ou limites. Contudo, pode sediar a consciência durante projeções mentalsomáticas, nas quais, muitas vezes, o indivíduo sente-se de consciência expandida (cosmoconsciência, *samadhi*, *satori*, *nirvana*), conectado profundamente com tudo e com todos, sendo conhecedor de todas as respostas e estando completamente livre de restrições.

Em nossa sociedade humana patológica, observa-se ainda pouca atuação dos mentaissomas em seu mais alto nível. As limitações evolutivas mais patentes neste planeta – reduzido nível de lucidez ou autoconscientização multidimensional, materialismo, egocentrismo, falta de universalismo, ausência de cosmoética, etc. – são, na verdade, indicações da imaturidade do próprio mentalsoma.

5
ENERGIA CONSCIENCIAL

Como seres conscientes, perturbamos significativamente o oceano de energias imanentes no qual estamos imersos, criando ondas e propagando informações. Deixamos o rastro pensênico de nossa personalidade ao longo de nossas existências por todos os lugares ou dimensões onde passamos.

Bases

Não é possível compreender a vasta gama de manifestações da consciência e suas parapercepções sem entender sua principal instrumentação ou ferramental: as bioenergias.

Possuindo uma extensa sinonímia, que denota sua universalidade, e conhecida desde tempos imemoriais através de várias expressões, bioenergia é, em termos gerais, o mesmo que: *acasa* (hindus), *axé* (africanos), bioplasma (V. S. Grischenko), *chi/qi* (acupunturistas, China), energia astral, energia biopsíquica, energia cósmica, energia vital, entropia negativa (Erwin Schrodinger), fluido magnético (Franz A. Mesmer), fluido psíquico, fluido vital (Allan Kardec), força etérica (radiestesistas), força vital (C. F. S. Hahnemann), libido (Sigmund Freud), luz astral (Helena P. Blavatsky), magnetismo animal (Franz A. Mesmer), *od* (K. L. von Reichenbach), orgônio (Wilhelm Reich), prana (iogues, Índia) e sincronicidade (C. G. Jung).

Esta energia é a chave geral para os fenômenos projeciológicos como um todo e para a projeção consciente especificamente, e tem sido relacionada a fenômenos paranormais e percepções extrasensoriais, tais como a cura parapsíquica, *poltergeist*, telecinese, além de muitos outros.

Na Física convencional, energia é definida como a capacidade de um sistema de realizar *trabalho* e, em uma análise livre, pode-se entender *trabalho* como mudança, dinamismo ou transformação. A bioenergia, que também não é criada nem destruída, somente transformada, pode ser entendida como o meio através do qual a consciência manifesta-se em sua dimensão de atuação ou, em outras palavras, realiza trabalho consciencial.

Sabe-se que matéria e energia são essencialmente a mesma coisa manifestando-se como dois estados da mesma "substância" ou propriedade universal. De certa forma, todos os veículos da consciência são formados de determinados espectros de energias (ou matérias), as quais são obtidas das respectivas dimensões de manifestação daqueles mesmos veículos.

Segundo a abordagem da Conscienciologia, a consciência não ressoma no sentido exato da expressão. O que sofremos na verdade é uma "ressoma energética", ou seja, a consciência, através de seu mentalsoma e psicossoma, liga-se ao soma indiretamente, através de seu energossoma. A conclusão direta é que, para vivermos melhor, desenvolvendo aqui na dimensão física nossos atributos mais avançados e superando os determinismos genéticos e mesológicos, de forma a cumprir nossas proéxis (programações existenciais), temos que aprender a dominar plena e conscientemente nossas bioenergias.

ENERGIA IMANENTE E ENERGIA CONSCIENCIAL

Na Conscienciologia, classifica-se, para fins didáticos, a energia em dois grandes grupos: energia imanente (EI) e energia consciencial (EC).

A EI é a energia natural, primária, virgem, básica, impessoal multiforme e original, não alterada ou processada pelas consciências mais complexas como no caso de animais e seres humanos. Está dispersa e onipresente em todo o universo físico e em todas as dimensões extrafísicas. Sendo multiforme, pode se apresentar na forma de energia imanente extrafísica (existente em outras dimensões), cosmoenergia (energia do espaço interestelar ou do universo – energia cósmica), aeroenergia (energia da atmosfera e seus fenômenos meteorológicos), hidroenergia (energia da água em suas várias formas e fontes naturais), geoenergia (proveniente da Terra e suas formações geológicas), e fitoenergia (dos vegetais).

A EC é a energia ex-imanente que recebe uma qualificação, polarização ou informação ao ser absorvida, metabolizada e aplicada por uma consciência em qualquer uma de suas formas de manifestação. No caso de seres humanos, a informação adicionada à energia corresponde aos pensamentos, ideias, intenções e memórias, e também aos sentimentos, emoções, afetos, *feelings* e, até mesmo, certos instintos.

Portanto, em nosso nível evolutivo, somos capazes de absorver ambas as formas de energia, porém mobilizamos e exteriorizamos somente ECs.

PENSENES E HOLOPENSENES

Para a consciência é impossível separar ou isolar manifestações de *pensamentos, sentimentos* e *energias*. Ao pensar, temos alguma emoção como pano de fundo e processamos certo *quantum* de energia. Ao termos alguma emoção, é impossível silenciar as ideias e memórias e impedir o fluxo de energias. E também, ao trabalharmos com as energias, é impossível fazer cessar nossos processos mentais e emocionais.

Com base neste fato, Waldo Vieira propôs o conceito de pensene, onde *pen* representa aquelas manifestações mais mentais, *sen* indica as manifestações mais emocionais, e *ene* representa as energias.

Neste contexto, o pensene pode ser definido, então, como a unidade mínima, indivisível, de manifestação da consciência. Geramos pensenes específicos com qualquer intenção, manifestação, ação, reação, atitude, criação, postura, imaginação ou comunicação.

Contudo, é bastante difícil estudar ou reconhecer pensenes isolados, devido ao grande dinamismo e mutabilidade da consciência. Na prática, lida-se mais com o conceito de holopensene, que vem a ser a agregação, acumulação e reforço sinergético de pensenes semelhantes.

Um indivíduo sozinho, durante pouco tempo, pode criar um certo holopensene, menos intenso. Por outro lado, um grande grupo, durante longo período de tempo, pensando e sentindo ideias e emoções similares, irá criar um holopensene muito mais poderoso e duradouro.

Quando os holopensenes possuem características tais, que apresentam ou manifestam formas extrafísicas, reais às consciências extrafísicas ou projetadas, são chamados de morfopensenes (popular: formas-pensamento).

Os pensenes e holopensenes são os elementos responsáveis pelo mecanismo de vários fenômenos paranormais, entre os quais a telepatia, a psicometria, o *rapport*, e a retrocognição.

Seres humanos intercambiam pensenes todo o tempo, estabelecendo, em maior ou menor grau, segundo o nível de similaridade pensênica, estados de acoplamento áurico ou transfusão energética com outras pessoas, animais, plantas, objetos, ambientes e consciências extrafísicas. Em certos casos, quando o acoplamento é mais profundo e lúcido, pode haver a chamada assimilação simpática, processo no qual um, ou mais, dos participantes do acoplamento pode perceber ou sentir em si mesmo as sensações físicas, estados emocionais, memórias, ou pensamentos do outro.

Estudando e entendendo o contexto geral das bioenergias, chega-se à conclusão que vivemos imersos em um grande oceano de energias (dimener ou dimensão energética), as quais se manifestam numa infinidade de formas, frequências ou graus de densidade.

Como seres conscientes, perturbamos de forma significativa este *oceano de energias*, criando ondas e propagando informações. Deixamos o rastro pensênico de nossa personalidade multiexistencial ao longo de nossas existências por todos os lugares ou dimensões onde passamos. Geramos pensenes que são exteriorizados e vão se integrar ao *grande oceano* (inconsciente coletivo universal) e também acumulamos ou gravamos pensenes dentro de nossos próprios veículos de manifestação da consciência.

Sob o ponto de vista específico das retrocognições e nossas memórias, pode-se classificar os pensenes em:

- **Mnemopensenes** – unidades ou blocos mínimos que compõem a holomemória. São pensenes relativos às memórias armazenadas dentro da consciência.
- **Retropensenes** – unidades de medida das retrocognições. São os mnemopensenes específicos recuperados em uma retrocognição.
- **Traumatopensenes** – mnemopensenes associados a traumas do passado.
- **Omegapensene** – o último pensene, na maioria das vezes bastante intenso, gerado pela consciência imediatamente antes da dessoma (morte biológica) ou mesmo durante o processo da dessoma, quando esta é lúcida.

O Estado Vibracional

O estado vibracional (EV) é um regime energético de profunda e intensa ativação de toda a estrutura do energossoma, através da ressonância conjunta de chacras (vórtices energéticos), meridianos (*nadis*) e pontos energéticos (pontos da acupuntura). Algumas vezes esta ressonância atinge outros veículos, como o psicossoma e o mentalsoma, resultando em um estado vibracional enriquecido com agradável euforia e expansão da consciência.

Apesar de muito exótica e intensa, a sensação de vibração é bastante agradável e, às vezes, com sua intensificação, chega-se a atingir uma espécie de *clímax energético*.

O EV pode acontecer espontaneamente, sob diferentes condições, ou pode ser provocado de forma voluntária através de técnica específica (ver Capítulo 17).

As utilidades básicas do estado vibracional são: autodefesa energética quanto a energias externas; remoção de bloqueios ou descompensações energéticas; obtenção da homeostase holossomática (higidez integral de todos os veículos de manifestação); aumento da flexibilidade do energossoma; instalação de descoincidências (desencaixe de veículos de manifestação da consciência) que podem levar à projeção consciente; desenvolvimento das parapercepções em geral; melhoria do intercâmbio de energias e pensenes entre os veículos de manifestação; aumento do nível de lucidez da conscin.

6

SERIALIDADE EXISTENCIAL

Como em um fóssil, o passado *está*
presente *em nós, hoje.*

Para evitar as abordagens místicas ou românticas e para que seja possível compreender as retrocognições em profundidade, assim como sua inter-relação com o processo evolutivo da consciência, é essencial estudar com mais detalhes um dos atributos conscienciais citados anteriormente: a serialidade.

O leitor poderá encontrar mais detalhes sobre os assuntos deste capítulo específico nas obras de Waldo Vieira, principalmente nos livros: *"Nossa Evolução"* e *"Manual da Proéxis"* (ver bibliografia). Aqui apresenta-se uma síntese do que é mais importante para o contexto da retrocognição e das parapercepções da consciência relacionadas ao tempo cronológico.

Conforme já mencionado, a consciência evolui através da acumulação de experiências, numa série longuíssima de vidas sucessivas em diferentes corpos, espécies, planetas e dimensões. Esta sucessão ou série de existências interconectadas é conhecida como serialidade consciencial.

Neste nível de lucidez atual ainda não temos acesso a toda nossa serialidade. Não atingimos a eternidade de nosso passado ou a eternidade de nosso futuro. Podemos nos lembrar de vidas ocorridas há 5000 anos, porém não acessamos nossas existências como seres subumanos. É possível ter precognições da próxima seriéxis (vida física), contudo não sabemos como será nosso futuro como consciências livres.

Corpos, culturas e nomes mudam, porém a consciência que passa por toda esta serialidade é a mesma. Ao longo desta série de existências, a consciência vai se sofisticando, aumentando sua hiperacuidade, expandindo o seu universalismo e dominando cada vez mais profunda e cosmoeticamente seu holossoma e as dimensões em que se expressa.

Somos hoje o resumo vivo de nosso passado, o resultado do somatório de características genéticas e mesológicas anteriores, bem como a expressão de tudo que já vivemos, pensamos, sentimos e fizemos.

ESTADOS CONSCIENCIAIS

Sob o ponto de vista da multidimensionalidade, a consciência pode se apresentar em quatro estados básicos:

- **Intrafísico** – Quando se manifesta através de seu soma, apresentando ligações energéticas estáveis e mais permanentes (cordão de prata) com este veículo. Na linguagem popular, é o mesmo que "encarnado" ou "vivo". A consciência intrafísica é chamada de conscin.
- **Extrafísico** – Condição em que o holossoma já não inclui o soma ou corpo físico. É o estado assumido após a 1ª dessoma. Neste estado o indivíduo manifesta-se basicamente pelo psicossoma e é chamado de consciência extrafísica ou consciex. Popular: "desencarnado", "espírito", "entidade".
- **Projetado** – Estado menos permanente que os demais. No caso da conscin é manifestado quando a consciência está fora de seu soma, mantendo a ligação psicossoma-soma conhecida como cordão de prata. No caso da consciex, é expressado quando está fora de seu psicossoma, ainda apresentando a conexão mentalsoma-psicossoma chamada de cordão de ouro.
- **Livre** – Condição da consciência após a 3ª dessoma, na qual já atingiu tal estado de aperfeiçoamento e holomaturidade que já não ressoma em corpos físicos. Não tem mais vínculos cármicos da maneira que conhecemos. Com a 3ª dessoma, apresentando um holossoma composto possivelmente apenas por um mentalsoma amadurecido, a consciência termina a serialidade da maneira como a conhecemos.

VIDAS FÍSICAS OU SERIÉXIS

A cada nova ressoma (renascimento), a consciência terá o desafio de dominar um novo soma, o qual é basicamente o resultado da *genética* herdada dos progenitores e da *paragenética* acumulada e cultivada ao longo de sua serialidade, sendo que ambas podem apresentar pontos positivos e negativos.

Durante a vida, um terceiro determinismo cresce em importância na formação da personalidade física: a *mesologia* – a qual, na prática, pode se expressar de diferentes formas, tais como cultura, idioma, religião, etiqueta social, educação familiar, educação formal, moralismos, códigos de leis, condutas socialmente aceitas ou reprovadas, e condicionamentos ideológicos, filosóficos e científicos.

O que se pode observar quanto à maioria das conscins é que a genética e a mesologia suplantam as programações da paragenética.

O processo da ressoma ou renascimento desenvolve-se gradualmente, iniciando-se antes da fecundação e prolongando-se por mais de 2 décadas após o nascimento.

Um ponto que escapa à maioria, essencialmente devido aos condicionamentos sociais e religiosos, e à falta de vivência extrafísica, é que, para as consciências mais lúcidas, o choque ou trauma da ressoma (renascimento) é muito mais intenso que o da dessoma (morte).

Não há padrão fixo para este processo, pois cada consciência desenvolve sua ressoma de maneira bastante individual. No entanto, pode-se traçar um perfil básico para a maioria das pessoas deste planeta.

O processo de regresso a um novo soma começa ainda na fase extrafísica quando, consciente ou inconscientemente, a consciência prepara-se para a nova vida. Esta preparação pode ser lúcida e participativa, como no caso de indivíduos menos imaturos e menos inconscientes (na forma de cursos intermissivos, por exemplo, segundo veremos adiante) ou pode ser ainda natural, quase automática, patrocinada pelas consciências mais maduras e assistenciais, no caso dos menos lúcidos. Em algumas circunstâncias a ressoma chega a ocorrer à revelia do ressomando.

Em qualquer uma dessas situações, a consciência que vai ressomar começa a aproximar-se da dimensão física, densificando seu psicossoma a partir da absorção de energias mais densas, o que, na prática, é o princípio da formação do energossoma (pré-ressoma).

Paralelamente a este processo existe o acoplamento e afinização energéticos cada vez maior com os pais, principalmente com a futura mãe. Esta conexão energética, com sua inevitável intertransfusão de energias conscienciais, completa a formação do pré-energossoma, que tornará possível as primeiras e tênues conexões com o óvulo, quando fecundado.

No momento da concepção, com a extrema vitalização dos processos intracelulares da célula-mater, a consciência, já bastante inconsciente na maioria dos casos, estabelece os primórdios de seu cordão de prata, conectando suas energias ao óvulo recém fecundado.

À medida que o embrião se transforma em feto e amadurece até estar pronto para o nascimento, tais conexões energéticas irão se reforçando e aprofundando cada vez mais, enquanto a paragenética combina-se com a genética na programação das características básicas, iniciais, do novo corpo.

Enquanto dentro do corpo materno, não é possível a justaposição ou coincidência perfeita dos demais veículos de manifestação da consciência, estando o ressomando, praticamente o tempo todo, inconsciente e semiprojetado.

No momento do nascimento, ao transformar-se em um ser biológico independente, após a primeira inalação e corte do cordão umbilical, o psicossoma aprofunda-se pela primeira vez em seu novo corpo físico.

A partir daí, com o paulatino amadurecimento do soma, principalmente do sistema nervoso central, o psicossoma vai encaixando-se e justapondo-se de forma cada vez mais intensa e estável ao corpo biológico, através das crescentes conexões do cordão de prata.

Segundo a Medicina, o corpo humano continua seu desenvolvimento até aproximadamente os 26 anos de idade em média (momento até o qual as extremidades ou epífises dos grandes ossos ainda crescem devido à multiplicação celular local), pode-se dizer que o processo de ressoma ainda não se concluiu até esta idade.

Durante estas duas décadas e meia de progressiva ressoma, um outro importante processo consciencial se desenvolve: a recuperação de cons.

Con é a unidade teórica de lucidez ou hiperacuidade da consciência. Quanto mais lúcido o indivíduo, maior é seu número de cons. Se, hipoteticamente, alguém manifestava 1.000 cons antes de renascer, durante a melhor fase de seu período intermissivo, ao ressomar sofre uma grande redução de seu nível de lucidez, apresentando menos cons, por exemplo 10. À medida que vai crescendo e amadurecendo, a pessoa vai recuperando os cons de seu patrimônio consciencial.

Teoricamente, deveríamos estar recuperando cons até o último momento de nossa vida física, porém a maioria das conscins pára de recuperar cons quando atingem a idade em que começam a se manifestar os problemas de senilidade. Nestes casos, o indivíduo volta a perder cons progressivamente, algumas vezes como forma de adaptação prévia para a transição da dessoma que se aproxima.

Em uma estimativa geral, poder-se-ia dizer que o ser humano mediano manifesta entre 200 a 250 cons durante sua melhor fase de lucidez intrafísica. Indivíduos mais lúcidos, despertos para a realidade multidimensional, poderiam manifestar algo como 400 cons, sendo bastante difícil ultrapassar, enquanto no soma, esta marca. A retrocognição pode ajudar neste importante processo de recuperação de cons extras, acima da média da humanidade.

Um dos pontos relevantes deste processo de reaquisição de unidades de lucidez é que os cons não apresentam todos a mesma facilidade, possibilidade, probabilidade ou disponibilidade para serem recuperados. Normalmente, os primeiros cons a serem recuperados são os mais antigos, relativos à sobrevivência, repetidos vida após vida, e por isso mesmo mais fáceis e imediatos. Os cons novíssimos, recém conquistados durante nosso último período ou curso intermissivo, serão os mais difíceis ou menos prováveis de serem manifestados aqui na dimensão física. Por isso, vale a pena nosso esforço para obter projeções lúcidas e retrocognições do período intermissivo, de modo a expandir nossa autoconscientização multidimensional.

A primeira faixa ou pacote de cons, recuperado desde a primeira infância e durante a adolescência, é conhecido na Conscienciologia como porão consciencial, por se tratar dos cons mais instintivos, atávicos e primitivos, e por isso mesmo mais usados, reforçados e repetidos ao longo da serialidade.

Crianças, em geral, manifestam franco egocentrismo e agressividade como sinal desse porão consciencial. O problema maior é que muitos adultos ainda não saíram de sua fase de porão consciencial, como, por exemplo, caçadores esportivos ou indivíduos muito egoístas.

Durante o princípio da fase de porão consciencial, algumas crianças mais predispostas ou parapsíquicas relatam espontaneamente eventos e dados a respeito de uma possível vida anterior, até porque, concomitante à recuperação de cons, ocorre, inevitavelmente, um refluxo de retropensenes. A ausência de condicionamentos e de mecanismos de repressão e intelectualização facilita ainda mais este processo.

Muitos se indagam ou perguntam abertamente qual é a razão ou necessidade da ressoma e, portanto, da seriéxis. Não se pode dizer que compreendemos completamente todas suas razões, porém já se pode traçar algumas ideias iniciais:

Talvez a principal razão seja que a intrafisicalidade permite às consciências de níveis evolutivos muito diferentes, quando ressomadas, coexistirem no mesmo ambiente e inter-relacionarem-se de modo a catalisarem seu amadurecimento. Da outra forma, no estado extrafísico, estas consciências estariam espalhadas em várias dimensões conscienciais distintas, o que permitiria, no máximo, curtas visitas mútuas. Se uma consciex mais lúcida vai para uma dimensão mais densa, necessita estar atenta para não se deixar absorver pela pressão holopensênica daquele sítio extrafísico. Quer dizer, a ressoma atua de maneira democrática, propiciando maior interação e impondo basicamente as mesmas "regras de jogo" para todos. Sem esta possibilidade, as consciências extrafísicas menos maduras e lúcidas não teriam possibilidade de conviver com consciências mais sadias e equilibradas, o que lhes diminuiria as possibilidades e estímulos de crescimento.

Outra razão para a seriéxis é o fato de esta colocar a consciência em um trilho. Se, por um lado, a ressoma restringe a liberdade de manifestação e de ir e vir da consciência, por outro, pelos mesmos motivos, especifica de maneira mais rígida e eficiente certas experiências, tarefas, condições e oportunidades. A velha comparação com uma escola é inevitável aqui. O que se perde em liberdade, ganha-se em eficiência e eficácia de aprendizado.

A inércia da matéria física e deste corpo biológico permite à consciência pensar antes de realizar algo, ter um impulso destrutivo e se arrepender antes de agir, ter uma emoção forte sem que seu veículo de manifestação se desestruture, ou ainda, sentir algo sobre alguém e ocultar estes mesmos sentimentos. No estado extrafísico, gerar um determinado pensene é agir: tudo é rápido e público.

A perda de memória ao ressomar, natural para a maioria absoluta das conscins, representa uma nova chance ou oportunidade para a melhoria de certas relações grupocármicas, pois nos permite reencontrar consciências e enfrentar novamente situações sem que emoções fortes ou traumas impeçam o aprimoramento dos vínculos energéticos. Devido ao reduzido padrão de maturidade consciencial da humanidade, a rememoração completa do passado impossibilitaria, por exemplo, a superação de inimizades e paixões. Além disto, o esquecimento resulta inevitavelmente em um certo tipo radical de higiene mental, prevenindo obcecações e auto-obsessões, tais como sentimentos de culpa.

1ª, 2ª, e 3ª Dessomas

Dessoma é definida como a desativação de um determinado veículo de manifestação. A consciência em si não morre, porém abandona um ou mais de seus corpos, causando a desagregação ou dissipação dos mesmos. Assim, se temos vários corpos, podemos esperar por alguns tipos de dessomas ou mortes.

1ª dessoma – É a morte comum, observável, do soma. É também a morte legal, que estabelece o fim da pessoa física ou do cidadão. Corresponde ao desprendimento do psicossoma com o mentalsoma dentro, concomitantemente à desconexão das energias do cordão de prata, as quais mantinham, até aquele momento, o corpo físico vivo. Em resumo, é a desativação do soma e do cordão de prata. Em geral, os amparadores do dessomando o auxiliam durante esta transição.

2ª dessoma – Processo de dissipação dos vestígios de energias do energossoma ainda presentes na estrutura do psicossoma após a primeira dessoma. O intervalo de tempo entre a primeira e a segunda dessomas varia muito de consciência para consciência, de acordo com seu nível evolutivo e homeostase holossomática, podendo ir da escala de horas a décadas. Similar à condição da projeção lastreada, a consciência extrafísica que ainda não passou pela 2ª dessoma tem dificuldades com os mecanismos de mudança de dimensão, volitação e manutenção de sua lucidez, entre outras. Para algumas consciências, a 2ª dessoma nunca chega a ocorrer, de modo que estas ressomam, ou renascem, ainda com as energias quase físicas de sua última (ou últimas) seriéxis. Neste último caso, a consciência intrafísica terá uma vida de maior restringimento, apresentando um parapsiquismo bloqueado e pensenes bastante materialistas (seriéxis trancada) devido à presença de um *energossoma fóssil*. Na média, para consciências mais sãs e lúcidas, este período é de aproximadamente 3 dias. Consciências que passam pela 2ª dessoma apresentam, durante a vida, maior soltura do energossoma; amplitude de entendimento da existência física e de seus mecanismos; maior predisposição a experiências parapsíquicas; sensibilidade às energias; e projeções conscientes (seriéxis alternante). Enquanto os amparadores auxiliam durante a 1ª dessoma, na 2ª atua mais o orientador evolutivo.

3ª dessoma – Conhecida no oriente como *moksha* (a liberação), é a projeção definitiva do mentalsoma com a desativação do psicossoma. Em certas situações, se supõe que a 3ª ocorra juntamente com a 1ª e 2ª dessomas, condição na qual a consciência desmaterializa todos seus outros veículos. Após a 3ª dessoma, a consciência está livre dos compromissos intrafísicos e do longo ciclo de ressomas, seriéxis, ou vidas físicas. Neste estado é chamada, na Conscienciologia, de Consciência Livre, quando a individualidade inicia outra fase ou curso evolutivo na dimensão mental, etapa esta que ainda mal compreendemos.

GRUPO EVOLUTIVO

Ao longo de sua série de existências, que ultrapassa seguramente os limites da história conhecida e que vai inclusive além da idade geológica deste planeta, a consciência vai estabelecendo encontros, contatos, convivências e relações com várias outras consciências, principalmente humanas. Com a repetição dos encontros e convivências, o intercâmbio de energias vai aproximando ou equalizando os holopensenes individuais até o ponto de estabelecer o holopensene daquela específica relação. Quanto mais intensos são os sentimentos, emoções, energias e ideias somadas e compartilhadas, mais poderoso vai se tornando o holopensene. Ao conviver com certos indivíduos maior número de existências, são desenvolvidas com os mesmos conexões mais intensas que com os demais elementos do grupo.

Após incontáveis vidas, cria-se o que se convencionou chamar na Conscienciologia de *inseparabilidade grupocármica*, quer dizer, condição na qual os indivíduos vão criando laços cada vez mais fortes que os fazem evoluir em conjunto, estabelecendo os mecanismos para a sincronicidade dos reencontros sucessivos, existência após existência.

Durante este processo, a premência do *grupocarma* (carma grupal) vai se equiparando à do *egocarma* (carma pessoal ou individual) devido à acumulação de conflitos, paixões, vinganças, assistências, compromissos, cumplicidades criminais e sociedades evolutivas. Por isso mesmo esse grupo evolutivo de consciências afins é também chamado de *grupo cármico.*

A família nuclear, a segunda ou a terceira famílias, o círculo de amizades e os colegas de trabalho formam somente a ponta do *iceberg* do grupo evolutivo como um todo, o qual engloba milhões de consciência intrafísicas e extrafísicas. Na prática, cada grande grupo evolutivo é composto de subgrupos sucessivos de consciências mais afins. No outro extremo da escala, pode-se dizer que toda a população da Terra forma um grande grupo cármico.

Algumas vezes, certos subgrupos envolvem-se em atividades anticosmoéticas, como por exemplo no caso de terroristas ou grupos criminosos. Neste caso, o holopensene que criam não é somente de inseparabilidade grupocármica natural e sim de *interprisão*, pois compartilham dos temporários benefícios de suas ações destrutivas. Quando, após dar-se conta de sua condição, alguém decide sair deste tipo de envolvimento – que às vezes durou vidas – irá transformar-se em vítima do próprio grupo e holopensene do qual participou e usufruiu.

Após este longo período de *vitimização*, a consciência entra na fase de *recomposição*, na qual começa a ter a lucidez e equilíbrio mínimos necessários para tentar ajudar aos que ficaram para trás, ainda presos nas fases de interprisão e vitimização.

O conhecimento destas primeiras fases do curso grupocármico, proposto pela Conscienciologia, é muito importante para o entendimento de vários tipos de lembranças de vivências anteriores, comuns à maioria dos retrocognitores, e para evitar a ocorrência de *retrocognições patológicas.*

PERÍODOS INTERMISSIVOS

A consciência, após a 1ª dessoma, existe e se manifesta fora da dimensão intrafísica, durante o chamado período intermissivo (também chamado de intermissão ou período entrevidas). É um grande erro supor que a consciência evolua somente durante a fase intrafísica e que o período entrevidas seja sempre de inatividade ou de inconsciência.

O período intermissivo tem um papel fundamental para a evolução e por isto mesmo suas características determinam várias das possibilidades de aceleração do processo de amadurecimento.

A duração do período intermissivo varia dentro de uma faixa bastante ampla, desde horas até séculos (em raros casos), sendo que para a maioria das pessoas a duração da intermissão, obviamente medida sob o referencial da dimensão física, é da mesma ordem de grandeza da duração de uma vida humana média.

Outro fator importante que depende de cada indivíduo e de seu nível evolutivo é a faixa dimensional e consequente colônia extrafísica que irá habitar mais permanentemente durante a intermissão. As consciências extrafísicas, fora dos períodos de transição da dessoma e ressoma, têm como base extrafísica uma determinada comunidade consciencial, que é chamada de *procedência extrafísica.* Normalmente é para este *quartel general* ou *cidade extrafísica natal* que a consciência volta depois de sua dessoma, após cada uma de suas últimas vidas intrafísicas.

Algumas consciências têm, como base extrafísica, colônias evoluídas, transcendentes e sutis, praticamente sem nenhuma interação com a dimensão física, próximas da dimensão mental. Porém, infelizmente, a maior parte da humanidade e para-humanidade estão vinculados a comunidades extrafísicas densas, ainda muito conectadas ao ambiente físico. Mesmo durante o período intermissivo, não importa qual seja a dimensão, convivemos com outros elementos de nosso grupo evolutivo.

O critério primário que define as características básicas do período intermissivo de cada indivíduo é o fato deste haver passado ou não pela 2ª dessoma. E mais do que isto, importa qual foi o percentual de dissipação de energias do energossoma relativa à dessoma. Se não passar pela 2ª dessoma ou passar por ela parcialmente (não sendo possível alijar a totalidade das energias densas do antigo energossoma), o holossoma da consciex em questão será denso e energeticamente bloqueado, restringindo o alcance ou teto máximo de dimensões mais sutis que podem ser atingidas e limitando sua permanência nas mesmas por períodos mais longos.

O paradigma materialista e, inclusive, os dogmas da maioria das religiões (que acabam sendo materialistas também) induzem a pessoa a pensar que sua natureza ou estado mais básico e essencial venha a ser o intrafísico. Este é um erro grave de entendimento dos processos conscienciais. A consciência é essencialmente extrafísica enquanto que a vida física é uma fase temporária, artificial, em um *posto avançado* do universo multidimensional. Uma das diversas evidências que podem corroborar tal afirmação é a própria descoincidência ou semiprojeção natural – quase sempre inconsciente – que a maioria das formas de vida superiores (animais e seres humanos) manifestam durante o sono. Na primeira oportunidade possível, a consciência sai da dimensão física para se recuperar na extrafísica.

A intermissão pode ser bastante ativa e produtiva para as consciências mais lúcidas. As oportunidades são aproveitadas na forma de recomposição dos atributos conscienciais, aprendizado, assistência a outras consciências menos lúcidas e, também, para a preparação da próxima vida intrafísica.

PROGRAMAÇÃO EXISTENCIAL

Todos nascem com o propósito de evoluir ajudando os demais a evoluírem, de forma que toda a coletividade evolua em conjunto. Contudo, isto é "chover no molhado", pois mesmo consciências subumanas estão nesta mesma condição. Importa estudar a qualidade deste propósito, o qual pode ser mais indefinido e de alçada mais pessoal ou ser mais específico, planejado e de alcance mais coletivo.

Durante a intermissão, em paralelo ao curso intermissivo, é planejada e aperfeiçoada a proéxis (programação existencial, planejamento existencial, tarefa intrafísica; popular: missão de vida). O tipo de proéxis dita as características básicas do curso intermissivo.

De acordo com a capacidade e o grau de maturidade de cada conscin, são estabelecidas *miniproéxis* – programações mais simples e medíocres, como uma vida resumida a nascer, crescer e gerar mais alguns corpos para dar oportunidade a outras consciência – ou *maxiproéxis* – planejamentos visando tarefas de impacto mais extenso na evolução geral da humanidade, como no exemplo histórico de Gandhi, o qual libertou um país sem usar de violência.

Muito se pergunta: quem decide ou planeja nossa proéxis? Na maioria absoluta dos casos, consciências mais maduras que os ressomandos (seus amparadores ou mentores extrafísicos; popular: protetores, guias espirituais), planejam em conjunto, em uma espécie de *colegiado*, as linhas mestras da proéxis, traçando o plano de voo da futura vida. Como elemento moderador e consultor deste colegiado, atua o orientador evolutivo ou *evoluciólogo*, amparador dos amparadores, o qual dá a palavra final de maior lucidez quanto ao plano traçado.

A proéxis não é decidida total e completamente logo no início da intermissão, pois dados trazidos do *front intrafísico* obrigam a sucessivos ajustes do plano inicial.

A participação de cada futura conscin nessa programação vai depender de seu grau de lucidez. Quanto mais lúcida, mais sugere, interfere e pergunta. Quanto menos lúcida, mais é auxiliada no planejamento lógico, otimizado, da próxima existência física. Nas situações em que o ressomando não tem lucidez alguma, certas decisões podem ser inclusive tomadas à sua revelia.

É comum ver muita gente sentir-se desconfortável com tal possibilidade de não poderem decidir 100% de sua proéxis, pois consideram este fato uma agressão ao seu livre arbítrio. Geralmente tal observação vem de indivíduos mais rebeldes, egocêntricos e de pouca vivência multidimensional. No entanto, tudo isto é muito lógico. Como pode uma consciência sonambulizada, ou até mesmo em estado de parapsicose extrafísica, planejar seu tão complexo destino imediato? Como poderia uma consciência, mesmo razoavelmente lúcida, decidir sozinha e de forma intervencionista, vários detalhes de sua futura vida, para a qual vai necessitar de tantas outras pessoas para seu termo? Se alguém pretende voltar à vida para ser um amparador intrafísico, atuando de fato como minipeça de um maximecanismo, como poderá prescindir da ajuda de outros mentaissomas mais lúcidos e de visão mais ampla e profunda nesse planejamento?

Sob o ponto de vista da proéxis, uma seriéxis típica pode ser dividida em dois períodos: o preparatório e o executivo. Em nossa sociedade moderna, a maioria gasta a primeira metade de sua vida construindo e estabilizando o corpo, amadurecendo psicológica e emocionalmente, estudando e se graduando em algo, conquistando independência econômico-financeira e estabelecendo uma relação afetivossexual madura e estável. Sem estes quesitos mínimos é mais difícil começar a empreender a proéxis.

A esta altura da discussão sobre o processo da serialidade, memória e acesso ao nosso passado, algumas perguntas pertinentes surgem: Por que não lembramos de nossa proéxis? E como lembrar?

A partir do entendimento do ritmo da vida física e do nível de imaturidade da massa humana, bem como baseado na apreciação de amparadores sobre o tema, entende-se que, na verdade, geralmente não é o ideal lembrarmos da totalidade e profundidade da proéxis. Se assim fosse, a conscin poderia entrar em "estado de choque", frustrando ou abortando a própria programação existencial. Vejam a analogia, por exemplo, de uma criança pequena que nos pergunta como, provavelmente, vai ser sua vida. Dependendo do realismo e profundidade de nossa resposta, ao descrevermos dramas, dificuldades e problemas humanos muito típicos desta vida intrafísica, poderíamos estar criando um trauma contraproducente para o seu amadurecimento.

Não é fácil lembrar da proéxis pelos mesmos motivos discutidos no capítulo quanto aos bloqueios relativos às retrocognições (Capítulo 12). Para lembrar da proéxis, um dos métodos vem a ser justamente a retrocognição do último período intermissivo. Infelizmente esta é uma das formas menos comuns de retrocognição. A maneira de obtê-la é discutida mais adiante neste livro.

Os mecanismos envolvidos no método de planejamento da vida intrafísica, aqui expostos, têm a função de auxiliar o candidato à retrocognição a direcionar seus esforços para as lembranças que sejam prioritárias ao objetivo da sua vida. As retrocognições interessam à medida que nos ampliam a lucidez no que se refere aos dados pertinentes ao cumprimento da proéxis.

Mesmo sem uma lembrança propriamente dita, alguém pode descobrir sua proéxis, pelo menos em linhas gerais, através das seguintes abordagens técnicas:

1. **Evoluciólogo** – entrevista com o orientador evolutivo em uma projeção consciente.
2. **Amparador** – entrevista com algum amparador mais direto em uma projeção consciente.
3. **Procedência extrafísica** – projeção consciente com visita à procedência extrafísica e/ou ao *campus* do curso intermissivo.
4. **Trafores e Trafares** – análise de seu perfil de trafores e trafares (Capítulo 17).
5. **Policarma** – análise do que a vida lhe ofereceu e exigiu ou de seus créditos e débitos policármicos.

CURSOS INTERMISSIVOS

Se a personalidade extrafísica passou pela 2ª dessoma, não está sujeita a transmigrações planetárias, e recuperou, quando é o caso, sua adultidade extrafísica, terá os pré-requisitos básicos para ingressar em algum curso intermissivo.

Várias colônias extrafísicas mais avançadas mantêm infraestrutura e pessoal dedicado a treinar as consciências aptas durante a preparação destas para a nova empreitada intrafísica. A meta básica destes cursos é aumentar as chances da conscin completar sua programação existencial, evitando que seja completamente narcotizada pela genética ou tragada pela mesologia.

Para melhor esclarecer este contexto, abaixo está um paralelo didático, onde são listadas as principais e prováveis características de uma futura missão humana tripulada a Marte, de forma a traçar uma analogia com a proéxis e sua preparação:

- Os cérebros compromissados com esta missão analisarão todas as informações conhecidas sobre aquele planeta e suas condições físicas.

- Médicos e psicólogos estabelecerão perfis ideais e analisarão todas as características possíveis dos futuros astronautas, escolhendo os mais aptos dentre muitos candidatos.
- Engenheiros, físicos e outros técnicos estudarão todas as características e variáveis da missão, de modo a poder antever com certa precisão possíveis problemas, traçando assim estratégias para evitá-los ou corrigi-los.
- Trajes específicos para cada tripulante serão confeccionados segundo suas caraterísticas biométricas e especialidades funcionais.
- Papéis, funções e hierarquia serão estabelecidas em um certo consenso.
- Computadores de última geração simularão vários cenários possíveis de desenvolvimento da missão, levando-se em conta inclusive acidentes e outros possíveis imprevistos.
- Os candidatos a astronautas passarão meses ou mesmo anos vivendo repetidas e multiformes simulações das condições que serão ou poderão ser encontradas durante a missão.
- Embora o número de astronautas seja pequeno, a quantidade de indivíduos envolvidos no projeto, nas mais diversas tarefas e especialidades, é gigantesca.
- Apesar do pequeno número de astronautas, o investimento será astronômico e as implicações e resultados da missão representarão muito para toda a humanidade.
- Contudo, apesar de todo este planejamento, ninguém será capaz de afirmar categoricamente que a missão ocorrerá conforme o planejado ou se terá êxito.

De maneira bastante similar, quanto ao processo intermissão-proéxis-ressoma, pode-se apontar:

- A futura conscin recebe informações, aulas, treinamentos e simulações para aumentar suas chances de sucesso aqui na vida intrafísica.
- Equivalente ao traje espacial, seu futuro corpo será planejado, dentro do possível, para possibilitar o êxito da missão.
- Como no caso do comando em terra, os amparadores acompanham todo o tempo o rumo da missão, estando aptos a traçar reprogramações, mudanças de rota e mesmo substituição de pessoal, dentro de certos limites.
- A conscin não vem sozinha para esta dimensão, e sim em um grupo de consciências afins, treinadas e compromissadas para a tarefa comum.
- A falha de um elemento da equipe pode comprometer a missão como um todo.
- Muitas vezes, abortar a missão *na metade do percurso* representa falha *total.*
- Sem lealdade, equilíbrio e companheirismo, o insucesso é praticamente certo.
- Da mesma forma que no voo a Marte, a consciência pode estar perdida, fora da rota ideal previamente traçada (ectopia – ver Capítulo 6).
- A moréxis (ver Capítulo 6) equivale ao replanejamento da missão e envio de suprimento extra de combustível, oxigênio e víveres.
- Para a consciex avançada, no final de sua intermissão, estando lúcida de sua futura tarefa de vida ou programação existencial, a expectativa e as reflexões sobre seu futuro imediato são equivalentes às dos astronautas e seus parceiros em terra horas antes do lançamento: uma viagem crítica, arriscada, adversa, imprevisível,

importante, de profundo significado coletivo e, no final das contas, um desafio e uma *aventura* positiva e calculada.

- De certa forma, para muitos de nós, pode-se dizer que estamos agora em Marte, durante uma tempestade de poeira vermelha, sem comunicação com a Terra.

O currículo do curso intermissivo de cada consciex é decidido a partir das necessidades de sua futura proéxis individual, da proéxis de seu grupo e das características pessoais de cada consciência (trafores e trafares).

O currículo estudado cobre um amplo leque de tópicos essenciais para a futura programação de vida, constando de disciplinas básicas, comuns a todos, e disciplinas específicas, especialmente desenvolvidas para as necessidade de cada proéxis individual ou grupal. Dentre as disciplinas básicas está o estudo da serialidade (a temática desta seção do livro), holossomática e bioenergética. Segundo a futura profissão, vários projetos e pesquisas podem ser desenvolvidos extrafisicamente, de modo a saturar a consciência, objetivando facilitar a recuperação e materialização daquela ideia original, quando dentro do cérebro físico. Por isso, considera-se que os casos de superdotação são muito mais resultado dos aprendizados obtidos nos cursos intermissivos que provenientes de seriéxis passadas.

Na prática, o curso intermissivo é ministrado em localidades extrafísicas que se assemelham a um campus universitário, com salas de aula, auditórios, amplos espaços, laboratórios, bibliotecas multimídia, alojamentos e centros de convivência.

Um ponto interessante é que os cursos intermissivos nesta *jurisdição cármica* que chamamos de Terra se aceleraram e aperfeiçoaram há aproximadamente 350 anos, quando também se intensificou a transmigração (neste caso imigração) de consciências de outros planetas. Isto coincide com o aparecimento da ciência moderna e de várias outras mudanças na sociedade humana.

Neste período, intensificou-se também o intercâmbio bilateral de alunos de cursos intermissivos entre planetas, ou seja, consciexes mais ligadas à Terra saem em excursões ou mesmo para fazer *estágios* mais longos em outros astros habitados, como forma de enriquecer suas ideias e aumentar seu senso de universalismo. O inverso também ocorre, ou seja, consciências extraterrestres vêm para cá para fazer o mesmo. Existe, inclusive, a hipótese de que algumas das consciências terrestres mais aptas possam fazer um *estágio* intrafísico, quer dizer, ressomar em outro planeta, viver uma vida típica naquela sociedade, aprender, dessomar e voltar para a Terra. O mesmo deve acontecer com *professores visitantes* de curso intermissivo vindos de outros planetas.

Outra realidade ainda pouco estudada e compreendida com relação à intermissão e seus cursos é a dos bolsões dimensionais. Tais minidimensões autocontidas, mais fechadas e isoladas das demais, apresentam um fluxo de tempo completamente diferente do relativo à dimensão física e inclusive de outras dimensões extrafísicas. Nesta condição, um curso intermissivo equivalente a anos ou décadas (tempo virtual medido pela quantidade de experiências ou pelo volume de aprendizado adquiridos) dentro daquele bolsão dimensional pode corresponder a períodos de tempo intrafísico muito menores. Não se sabe como ou quem cria e mantém estes bolsões.

Este fato já pôde ser vivenciado de forma mais limitada por projetores conscientes, inclusive este autor. Nestes casos, durante uma projeção, com uma duração da ordem de minutos (contados no relógio físico, fazendo-se a diferença entre o horário da chegada e o de saída), a experiência correspondia a uma duração extrafísica que se assemelha a anos de vivências, contatos, acontecimentos e aprendizados. Ao voltar ao corpo, tem-se a real percepção de haver estado viajando por um longuíssimo período de tempo, o que chega a causar certa confusão benigna e passageira.

INCOMPLETISMO EXISTENCIAL

Se admitimos a existência da programação existencial, a próxima etapa lógica seria considerar em que grau ou nível de completude alguém executa sua proéxis. Ou, de outra maneira: ao dessomar, quanto aquela consciência conseguiu cumprir de sua proéxis original?

Infelizmente observa-se que a maioria não atinge a totalidade nem mesmo um bom percentual de êxito em sua programação de vida – condição chamada de incompléxis ou incompletismo existencial. Algumas das razões básicas para tal falha costumam ser os determinismos genéticos e mesológicos; falta de lucidez e autocorrupção.

Ao viver fora do rumo previamente traçado de maneira otimizada, a consciência vive uma vida ectópica, deslocada, ineficiente e ineficaz. É impressionante ver como muitos, que pensam sofrer de depressão, na verdade sofrem de melancolia intrafísica (melin), às vezes inconscientes, pois se sentem inúteis, vazios e sem sentido, mesmo quando, para todos os outros fins, parecem ser exemplos de sucesso econômico e êxito social.

A condição mais séria e lamentável, no entanto, é a da consciência, já na condição extrafísica, que pouco a pouco recupera as lembranças do período intermissivo anterior e compara aquela respectiva proéxis inicialmente planejada com as imagens e lembranças de sua recente visão panorâmica da seriéxis recém terminada, chegando à conclusão que deixou de cumprir a maior parte do plano original. Normalmente o resultado de tal constatação é a chamada melex ou condição de melancolia extrafísica.

Cabe aqui uma questão oportuna: se você dessomasse agora, lendo este livro, estaria satisfeito e de consciência tranquila com a vida que estaria encerrando? Ou haveria ainda projetos inacabados, compromissos adiados, inimizades não curadas, paixões mal-resolvidas, pessoas dependentes ou *rabos presos*?

Na prática se observa também casos de pessoas excessivamente obstinadas com suas responsabilidades, que não relaxam nunca e que não se dão nenhum direito de desfrutar de certas coisas boas da vida, nem mesmo em níveis razoáveis e necessários à saúde física. Muitas vezes tal tipo de personalidade pode ser resultado de um trauma profundo na consciência, causado por uma melex durante o último período intermissivo.

Em raros casos, dependendo da magnitude da melancolia, da profundidade do desespero, e do montante do déficit evolutivo em questão, a consciência pode entrar em um estado de guerra íntima ou de impulso de destruição contra tudo e todos, como uma forma de mecanismo de transferência. Do mesmo modo que às vezes uma pessoa atira um objeto contra a parede, quando sob surtos de imaturidade ou descontrole emocional, neste caso a consciex revolta-se contra o cosmo. Nascem daí alguns mega-assediadores extrafísicos, os quais levam séculos ou milênios até recuperar sua homeostase holossomática.

AUTOMIMESE

A consciência intrafísica tem forte tendência a repetir seus padrões de pensamentos, valores, ética e comportamento do passado. Tal repetição é, de fato, inevitável e natural, sendo, ao mesmo tempo, causa e efeito do holopensene individual daquela mesma consciência.

Contudo, na maioria das vezes, a maior parcela da população repete justamente o que havia de pior nas experiências físicas anteriores, caracterizando a automimese negativa ou evitável.

O indivíduo, como em uma velha estória refilmada várias vezes, repete os mesmos dramas do passado, com os mesmos personagens, emoções, paixões e desencantos, perdendo oportunidades evolutivas e desperdiçando tempo. Vive materialisticamente como um sonâmbulo que não sabe por que está aqui ou o que deveria estar fazendo. Perde 1/3 da vida dormindo, não tem nenhuma parapercepção e segue as tendências e modas da grande massa humana. Em resumo, manifesta-se como um robô, caracterizando a condição da robotização existencial (robéxis).

Uma das principais causas de incompletismo é justamente essa síndrome de automimese, catalisada pela pressão social, familiar e do meio ambiente.

Em alguns casos, certo nível de automimese é positivo ou mesmo planejado. Nestas situações, procura-se repetir determinadas fórmulas ou combinações de fatores que deram certo em vidas anteriores. O melhor exemplo é o do autorrevezamento (estudado mais adiante).

COMPLETISMO EXISTENCIAL

Ao cumprir a totalidade ou um percentual significativo de sua missão programada, a consciência atinge a condição de completismo existencial ou compléxis.

O compléxis é condição ainda rara neste planeta-escola-hospital chamado Terra. Porém, com o aperfeiçoamento e generalização dos cursos intermissivos, os casos de compléxis tornar-se-ão cada vez mais comuns.

Quando se torna lúcida de seu *status* de completista, a consciex entra na condição da euforia extrafísica (euforex) que é o oposto da melex, já discutida. No caso de estar lúcida de seu compléxis, ainda durante a vida física, a conscin manifesta a euforin ou euforia intrafísica.

Em um nível inconsciente ou semiconsciente, isto talvez possa ser uma das explicações por que pessoas idosas, ou da terceira idade, comportam-se ou como os tranquilos e benevolentes avós de todo mundo (euforin), ou, ao contrário, como rabugentos, revoltados e antissociais (melin).

Da mesma forma que os melhores estudantes de uma universidade (*honor students* – como denominado nos EUA) recebem recompensas e regalias, como descontos nas mensalidades e prioridade na escolha de disciplinas e turmas, o completista existencial conquista a possibilidade de ter um corpo aperfeiçoado em sua próxima seriéxis.

Tal supercorpo, *corpo customizado*, fora-de-série – o macrossoma – apresentará uma ou mais características bem acima da média de possibilidades da genética humana medíocre, como: excelente memória; alta projetabilidade; sistema imunológico à toda prova; predisposição à ectoplasmia; e muitos outros.

Provavelmente o completista também será convidado a ser um instrutor (de maior ou menor escalão) de curso intermissivo, já que pode compartilhar com outros, o modo como obteve êxito em sua vida recém-concluída.

Algo para se pensar: é preferível ser um completista (100%) de miniproéxis ou um incompletista (50%) de maxiproéxis?

MORATÓRIA EXISTENCIAL

A programação existencial não é um cronograma rígido, nem a vida é regida por um destino pré-determinado. Durante a vida intrafísica, de acordo com cada decisão pessoal e dependendo de acontecimentos coletivos ou eventos dentro do próprio grupo evolutivo (morte prematura de um dos elementos chaves, por exemplo), são necessárias correções de rumo e replanejamentos.

Possivelmente, um dos maiores replanejamentos é a moratória existencial (moréxis) que, tal como o nome indica, vem a ser uma extensão ou prorrogação do período de vida originalmente planejado para uma dada conscin. A moréxis pode ser deficitária (minimoréxis ou "a menor") ou superavitária (maximoréxis ou "a maior"). Na maioria das vezes ambas ocorrem concomitantemente com o processo de uma quasemorte, ou de alguma crise aguda na vida, e são o resultado de uma intervenção direta do evoluciólogo com a consequente recarga de energias do energossoma da conscin moratorista.

Tratando-se da moratória deficitária, quando a conscin passa pela quase-morte física (ou crise aguda), que muitas vezes estava planejada para ser sua projeção final, esta encontra-se com algum de seus amparadores, ou mesmo o orientador evolutivo, e entende que não cumpriu em percentual suficiente a proéxis previamente programada. Neste caso pode receber uma extensão de vida de mais alguns anos, patrocinada por esta equipe extrafísica, para que tenha uma segunda chance.

Quase sempre, nestas situações, quando é aceita a minimoréxis, o indivíduo volta ao corpo e tem um intenso impulso de não perder tempo nem desperdiçar oportunidades. Muitas vezes comporta-se como se estivesse em liberdade condicional e pode apresentar certa melin.

Na condição oposta, ao passar pela quase-morte (ou crise aguda) e encontrar seus colegas extrafísicos, a consciência completista recebe deles pensenes de felicitações e também, em alguns casos, a sugestão da possibilidade de voltar à vida física para ir além do já realizado, produzindo mais que o planejado. Esta possibilidade é ofertada pelos amparadores e orientador evolutivo quando a vida física do completista é compatível com a extensão de tempo (saúde física, estabilidade financeira, etc.) e dependendo das necessidades maiores de seu grupo evolutivo ou da comunidade como um todo.

Normalmente, quando maximoratorista, a conscin não apresenta mais estresses, ansiedades ou crises existenciais, atuando somente com o cuidado de não errar, para evitar pôr a perder o que já havia realizado.

AUTORREVEZAMENTO

É fácil entender, e talvez até mesmo óbvio, o revezamento inevitável entre consciências de um mesmo grupo evolutivo. Uma geração chega para dar continuidade ao que foi iniciado pela anterior. Porém, chama mais a atenção, pelo seu desafio e eficácia evolutiva, o revezamento que a consciência estabelece consigo mesma (autorrevezamento).

Certas tarefas existenciais são excessivamente complexas e longas para poderem ser concluídas em uma só existência física. Nestes casos, é necessário dividir a respectiva megaproéxis em 2, 3 ou mais proéxis menores e compatíveis com as condições de igual número de vidas intrafísicas. Neste caso, a consciência autorrevezadora, durante cada uma destas vidas, deixa seu trabalho preparado para ser retomado na vida seguinte, do ponto exato em que foi deixado, ou seja, passa o bastão (em uma analogia com a corrida de revezamento do atletismo) para ela mesma. Obviamente esta não é uma tarefa fácil, já que se baseia no completismo de cada uma das vidas em questão, e depende de uma monitoria muito mais presente por parte dos amparadores.

O autorrevezamento bem sucedido é o primeiro passo para o fortalecimento do continuísmo existencial e da lucidez, os quais vão preenchendo os vazios e blecautes entre vidas e dimensões, rumo ao estado da consciência contínua.

Ciclos Evolutivos

Para facilitar a didática, temos abordado até aqui as seriéxis ou vidas físicas quase como unidades separadas ou estanques. No entanto, para completar esta discussão, dando a verdadeira magnitude e transcendência de nossa serialidade, é importante entender que, para a consciência extrafísica lúcida, cada uma das vidas físicas são como segundos na grande sequência multimilenar de existências físicas e extrafísicas. A proéxis de cada existência é planejada sem se perder de vista as raízes do passado longínquo ou as metas de um futuro muito distante. Neste contexto, indivíduos e grupos cármicos evoluem em ciclos de muitas seriéxis, os quais às vezes duram milhares de anos.

Em termos mais simples, pode-se usar o caso do período de "vida" de uma determinada cultura, que nasce, atinge seu apogeu, lança as sementes de outras culturas mais jovens e desaparece (egípcios, romanos, celtas e cátaros, por exemplo). Para muitas consciências que acompanharam o transcurso de cada uma destas civilizações, elas coincidem com ciclos evolutivos bem determinados.

Em outra escala de tempo, mais ampla, podemos entender que estamos em um ciclo evolutivo ligado ao período de vida inteligente neste planeta. A Terra não irá sustentar vida para sempre. Um dia, seu *quantum* de energia vital irá se esgotar e as consciências irão transmigrar para outros planetas – processo que já teria sido iniciado centenas de anos antes.

Interessa mais para nós neste momento evolutivo, de forma mais pragmática, o ciclo atual de nosso grupo cármico como um todo. A necessidade de completismo agora se faz mais crítica que em outras vidas anteriores. A última vida de um determinado ciclo, seriéxis crítica, ou fechamento de ciclo, se assemelha aos exames finais de um período letivo. Não há mais tempo para procrastinações ou folias.

Quem atingir os critérios mínimos, segue adiante com o melhor do grupo, com novos desafios, possibilidades e aprendizado. Quem não *passa* fica para trás e recomeça um outro ciclo com os calouros evolutivos – a parte pior ou repetente de nosso grupo evolutivo.

Apesar de não existir *involução* ou regressão evolutiva absoluta, é óbvio que neste caso há um retrocesso relativo, porque ficar para trás é bem objetivo para a consciência sujeita a este processo, a qual se sente como estranho no ninho ou E.T. abandonado em um planeta alienígena.

Se um incompletismo já era uma derrota consciencial antes, em época de seriéxis crítica adquire magnitude de catástrofe.

Algumas vezes, ao fechar um ciclo, a parcela completista do grupo evolutivo volta às suas origens neste planeta, onde habitaram os primeiros corpos deste símio que chamamos de *Homo sapiens sapiens*, para reiniciar outro ciclo em um nível consciencial melhor.

Não podemos esquecer que a verdade relativa de ponta da antropologia e da história afirma que a civilização humana (não o ser humano em si) começou com a Revolução Agrícola, há aproximadamente 10.000 anos, o que corresponde a 100 séculos, ou ao redor de meras 100 vidas físicas, o que não é muito comparado com os ritmos cósmicos.

Um dia teremos historiadores e arqueólogos especialistas em retrocognição e psicometria, os quais poderão complementar ou mesmo reescrever a história humana, prioritariamente nas lacunas existentes devido à falta de documentação, e traçar as linhas gerais da para-história da humanidade e suas origens.

7

SOCIEDADE EXTRAFÍSICA

Há quem considere a Sociologia uma ciência especialmente complexa. É porque ainda não se despertou para as complexidades ainda maiores da sociedade extrafísica.

Não é possível compreender várias das manifestações da consciência e seus efeitos evolutivos sem abordar a questão da para-humanidade, também chamada de sociedade extrafísica ou sociex.

Para o projetor consciente, principalmente o veterano, é muito claro e natural o permanente e cada vez mais intenso fluxo migratório de consciências da e para a dimensão intrafísica.

Em uma pesquisa extrafísica, feita por Waldo Vieira, chegou-se a uma posição aproximada e inicial de que a sociex é 9 vezes maior que a socin (sociedade intrafísica, humanidade), ou seja, se a população terrestre, *respirante*, é de quase 6,5 bilhões de conscins, deve haver aproximadamente 59 bilhões de consciexes nas dimensões extrafísicas ligadas em maior ou menor grau a este planeta. Em outras palavras, existem 65 bilhões de consciências nesta zona metropolitana multidimensional chamada Terra.

Muitos opositores da teoria da serialidade argumentam que a humanidade tem crescido inexoravelmente desde a Idade Média. De onde então estariam vindo as consciências? Tal ponto de vista, uma reedição do velho geocentrismo religioso que quase *projetou* Galileu Galilei em definitivo, não está baseado na teática da multidimensionalidade.

O consenso de muitos projetores veteranos é que existe transmigração permanente entre planetas (jurisdições cármicas) e que a imigração para a Terra acelerou-se muito nos últimos 4 séculos, o que coincide aproximadamente com o Renascimento, a expansão da navegação, o início da ciência moderna, o declínio da mortalidade humana, as reformas religiosas e, extrafisicamente, através da melhoria e expansão dos cursos intermissivos, e a aceleração das reurbanizações extrafísicas relacionadas a este planeta.

Seção II: A Retrocognição

8

O FENÔMENO RETROCOGNIÇÃO

A retrocognição opera como uma mudança de foco da consciência, da memória física para a extrafísica – uma comutação do cérebro para o paracérebro.

Definição

Retrocognição - latim: *retro* = atrás + *cognoscere* = conhecer, saber – parapercepção da consciência que lhe permite recuperar o acesso às memórias de fatos, cenas, pessoas, lugares, objetos, eventos, sentimentos, emoções e vivências pertencentes às suas existências intrafísicas passadas ou a seus períodos intermissivos anteriores.

Outros fenômenos conscienciais relacionados ao tempo cronológico, abordados com mais detalhes em capítulos específicos, são:

1. **Precognição** – Capacidade ou habilidade consciencial de perceber, ver, captar ou intuir eventos futuros (ver Capítulo 21).

2. **Simulcognição** – Sensoreamento parapsíquico ou paranormal que permite à consciência captar ou fazer-se lúcida de fatos ou situações que estejam acontecendo no momento da percepção (simultaneidade), porém fora do alcance de suas percepções intrafísicas convencionais, seja devido à distância ou diferença dimensional (ver Capítulo 19).

Sinônimos

1. Lembrança de vidas passadas
2. Lembrança pré-uterina
3. Memória extracerebral
4. Regressão a vidas passadas
5. Regressão de memória
6. *Retromnésia*

Quando usada como técnica terapêutica:

1. Terapia de vidas passadas
2. Terapia de vivências passadas
3. *Retrogression*

Histórico

A hipótese da serialidade, popularmente conhecida como Teoria da Reencarnação, obviamente não é nova. Pelo contrário, é mais antiga que muitas das grandes religiões (cristianismo, judaísmo e islamismo), as quais, por sinal, não admitem esta hipótese.

Em certas civilizações antigas – egípcia (referência ao ka ou alma), grega (nas filosofias de Pitágoras e Platão), céltica (no Druidismo) e chinesa, existia a crença na transmigração de almas ou sucessão de vidas e, como consequência, na possibilidade de rememoração das vivências anteriores.

Nos últimos séculos da história humana, o conhecimento da serialidade foi mantido e propagado principalmente no oriente (China, Japão, Índia, Tibete, entre muitos outros). Foi admitida, também, por algumas poucas culturas ocidentais como os celtas e os cátaros. Nos dias de hoje, três das maiores religiões orientais admitem a reencarnação: hinduísmo, budismo e jainismo.

A partir do século XIX, a Teoria da Serialidade ganhou novo impulso no ocidente, principalmente através do Espiritismo de Allan Kardec e da teosofia de Helena P. Blavatsky.

Nas últimas décadas, basicamente como resultado da expansão do uso da hipnose (após longo período de discriminação iniciado no final do século 18 devido aos trabalhos de Franz Anton Mesmer), a questão da serialidade vem invadindo consultórios psiquiátricos e psicológicos, e a mídia em geral.

Da mesma forma que os avanços nas técnicas de ressuscitação multiplicaram os casos de experiências de quase-morte, os quais vêm instigando cada vez mais a bitolada classe médica, as terapias de regressão hipnótica, que a princípio buscavam a origem de traumas reprimidos do passado *desta* vida, trazem à tona um número cada vez maior de lembranças pré-uterinas.

O público em geral acredita que esta abordagem da retrocognição pela hipnose seja bastante original, quando, na verdade, não passa de mais uma reciclagem de velhos conhecimentos, observações e técnicas.

MECANISMOS

O fenômeno parapsíquico da retrocognição pode ser explicado como sendo uma evocação de retropensenes ou, em outras palavras, como um refluxo de mnemopensenes relativos ao passado anterior ao renascimento nesta presente vida. Visto desta maneira, e dependendo da profundidade e abrangência da área acessada da holomemória, pode-se considerar a retrocognição como sendo um certo tipo de cosmoconsciência ou expansão da consciência, em maior ou menor grau, e por isso mesmo, um processo de recuperação de cons.

Seria lógico dizer que as memórias recuperadas durante uma retrocognição não estão no cérebro físico, já que este não existia na época dos fatos relembrados, e sim em algum outro tipo de arquivo ou banco de dados consciencial.

Sob o ponto de vista da parafisiologia, a retrocognição reflete a mudança do foco de abordagem da consciência, da memória física para a extrafísica – uma comutação do cérebro para o paracérebro. Esta abordagem reforça a hipótese de alguns pesquisadores de que a retrocognição seria o acesso a uma *memória extracerebral*.

Na maior parte dos casos de retrocognição, as memórias recuperadas têm forte conteúdo afetivo-emocional, ou seja, trata-se do reacesso a mnemopensenes carregados no *sen*. Observa-se, na prática e nos relatos de retrocognição, que geralmente são lembrados os momentos de forte emoção e não os eventos de cunho mais intelectual.

É comum existir um determinado período, às vezes de mais de uma vida, o qual se mostra inacessível às lembranças da consciência intrafísica, embora possam ser lembradas muitas das vidas anteriores ou posteriores àquele período bloqueado. Com o amadurecimento maior do indivíduo, o bloqueio pode ser vencido.

Ao contrário do que se poderia esperar, normalmente não se tem acesso às experiências passadas em uma sequência cronológica inversa, quer dizer, lembrando-se primeiro da última vida física e depois das outras vidas, sucessivamente cada vez mais antigas.

A casuística das retrocognições mostra que a maioria dos indivíduos acessam suas vidas passadas em uma ordem aparentemente aleatória. A antiguidade de uma determinada vida não determina necessariamente maior dificuldade de sua rememoração. Ou seja, é possível alguém lembrar-se primeiro de uma vida que ocorreu há 6 séculos, depois uma outra há 3000 anos e em seguida a antepenúltima. A vida atual pode ser a retomada ou continuação de uma determinada vida anterior (não necessariamente a última). Teoricamente, aquela vida anterior seria uma das mais fáceis a serem lembradas.

A próxima oportunidade de reencontrar a maioria das pessoas que temos ao nosso redor hoje pode ser daqui a algumas vidas e não necessariamente na seriéxis seguinte. Por isto, deve-se evitar a autocorrupção de deixar para solucionar certas desavenças na próxima vida (procrastinação grupocármica), porque poder-se-ia passar séculos até haver a chance de conviver com aquelas consciências novamente, o que seria, sem dúvida, um atraso evolutivo.

Com certeza se pode afirmar que é mais fácil relembrar aquela existência intrafísica de 30 séculos atrás que nosso último período intermissivo. Isto se deve às limitações nas analogias cerebrais e às diferenças pensênicas entre estes diferentes tipos de memórias. Por mais distante no passado que seja a existência intrafísica em estudo, existiam muitos pontos em comum com a vida atual, tais como: respiração, alimentação, uso de língua falada, arquitetura, uso de roupas e dramas humanos.

Durante o período intermissivo, o estilo de existência era radicalmente diferente: não havia respiração, alimentação ou outras limitações características do soma; volitávamos; não havia família no sentido entendido neste planeta; a organização da parassociedade era completamente diferente; e outros pontos mais. Esta dificuldade é semelhante à que ocorre com projeções conscientes, nas quais é mais fácil lembrar de visitas à dimensões/colônias extrafísicas mais crostais de que de visitas às comunidades extrafísicas bastante transcendentes e evoluídas, sem maiores conexões com a humanidade física.

Uma analogia que pode auxiliar na compreensão desta dificuldade de rememoração e comunicação seria o caso de um indígena, sem nenhum contato prévio com nossa civilização tecnológica, que fosse levado em um voo do ônibus espacial (*space shuttle*). Após o regresso, como ele se lembraria e comunicaria suas experiências, a decolagem, o voo orbital e a visão da Terra? Fatalmente esqueceria de muita coisa, algumas lembranças se tornariam similares a sonhos, muitos eventos se tornariam simbólicos e místicos, e teria ainda que usar suas experiências de vida na floresta como analogias, tanto para seu próprio entendimento e associação de ideias, como para descrever para os demais.

Por esse motivo, quanto mais ampla e profunda é a cultura teórica e vivencial da pessoa, mais fáceis e fidedignas podem ser as rememorações de projeções conscientes ou experiências passadas.

Outras Hipóteses

Vários autores de visão materialista, ou seguidores cegos do paradigma fisicalista, procuram explicar as memórias de experiências passadas através de hipóteses que não incluem a serialidade de vivências da consciência. Nenhuma delas resiste a uma análise mais profunda, como discutido a seguir:

1. **Fantasia** – As lembranças obtidas seriam simplesmente resultado de fantasias, onirismos, delírios ou alucinações. *Contra-argumentos:* I. muitas memórias, que não eram do conhecimento intelectual prévio do retrocognitor, podem ser comprovadas a partir de pesquisas históricas; II. em algumas ocasiões, vários indivíduos podem ter a retrocognição conjunta, em que, mesmo estando fisicamente separados, têm basicamente as mesmas lembranças de uma determinada vida em comum.
2. **Memória genética ou genealógica** – As vivências recordadas seriam retrospectivas da vida de algum antepassado direto dentro de uma linha genealógica contínua. Esta memória celular seria herdada através dos genes. *Contra-argumento:* na maioria das vezes, as memórias recuperadas não se enquadram a nenhum antepassado genético, sendo que algumas vezes a retrocognição aponta para uma vida em um corpo de raça diferente da atual linha genética.

3. **Viagem no tempo** – Nesta hipótese, o retrocognitor teria uma experiência de volta *real* ao passado, através de alguma anomalia espacio-temporal ou singularidade quântica. *Contra-argumentos:* I. durante muitas retrocognições pode-se confirmar que o corpo não abandonou o aqui-agora; II. haveria o bem conhecido problema do paradoxo do tempo, no qual, por exemplo, alguém poderia voltar ao passado, aos moldes do filme *"De volta para o Futuro"*, e impedir que seus pais se casassem, o que impossibilitaria seu nascimento e, portanto, sua viagem ao passado.

4. **Consciência e seus títeres** – hipótese que não é recente, porém comum na atual cultura metafísica e *new age*, a qual propõe que cada indivíduo humano é na verdade uma ramificação, tentáculo ou marionete de consciências-pivôs. Cada uma destas consciências-pivôs se manifestaria como vários indivíduos aparentemente independentes (em países, culturas ou mesmo épocas distintas) que comporiam vários *eus* da mesma consciência. Segundo esta linha de raciocínio, a retrocognição seria uma mera transferência de dados ou informação dentro dessa rede de *eus*. *Contra-argumentos:* I. a vivência das projeções conscientes não comprova esta hipótese e não fornece nem mesmo uma vaga pista que pudesse levar a sua comprovação; II. esta teoria foi originalmente usada para explicar casos de múltipla personalidade (muitas vezes resultado de intrusões interconscienciais) e de supostas almas gêmeas (nada mais que manifestações de afinidades construídas dentro do mesmo grupo evolutivo ao longo de eras).

9

TIPOS DE RETROCOGNIÇÃO

A retrocognição *só pode ser considerada sadia quando impulsiona a consciência para a* frente.

A classificação é um recurso bastante usado na ciência com o objetivo de facilitar a pesquisa, o ensino e o entendimento, por apontar padrões comuns dentro do universo em estudo e representar multiplicação das possibilidades de associações de ideias.

No entanto, é importante ressaltar que toda classificação pode restringir ou empobrecer a pesquisa porque raramente a realidade pode ser encaixada com facilidade em estreitos escaninhos acadêmicos, principalmente quando são estudados fenômenos ou qualidades conscienciais.

Desta forma, proponho classificar e subclassificar as retrocognições segundo os seguintes critérios:

Quanto ao Objeto da Retrocognição

Tendo em vista a serialidade da consciência, é possível a rememoração de três tipos básicos de experiências anteriores à vida física corrente:

Seriéxis: referentes a vidas físicas prévias, ou seja, com a consciência na condição intrafísica, inclusive de vidas em outros planetas.

Períodos intermissivos: relativas aos períodos entrevidas ou intermissões, ou seja, com a consciência na condição extrafísica.

Projeções conscientes: forma rara, porém real, de retrocognição em que a consciência se recorda de projeções conscientes ocorridas em existências anteriores, ou seja, de quando estava temporariamente fora daquele soma.

QUANTO AO SUJEITO DA RETROCOGNIÇÃO

Autorretrocognição: quando o retrocognitor relembra suas próprias experiências, acessando sua holomemória.

Heterorretrocognição: caso em que o retrocognitor percebe vivências anteriores de outrem, acessando a holomemória daquela outra consciência.

Psicométrica: experiência em que o retrocognitor acessa as memórias gravadas nos holopensenes de ambientes ou objetos. Os chamados *acessos ao registro akáshico* estariam incluídos nesta categoria.

QUANTO À GRUPALIDADE

Individual: quando a retrocognição ocorre somente com uma consciência (o retrocognitor).

Grupal: experiência em que diferentes pessoas têm retrocognições semelhantes, interrelacionadas, referentes ao mesmo período histórico, quase sempre da mesma vivência em conjunto. Neste caso, as retrocognições de cada um dos elementos do grupo ocorrem quase concomitantemente e são concordantes.

QUANTO À PENSENIDADE

Afetiva: retrocognição na qual as lembranças são pautadas primariamente por relações afetivas, amores, paixões, abandonos e desafetos do passado.

Emocional-traumática: lembranças de momentos de sofrimento intenso, quase sempre relacionados com uma morte prévia. As emoções mais mencionadas são: medo, tristeza, solidão, arrependimento e dor.

Intelectual: o tipo mais raro dos três, envolve as lembranças de momentos passados nos quais não havia nenhuma emoção ou afeto dignos de nota. São lembradas ações, experiências ou aprendizados de cunho mais mentalsomático.

Quanto à Causa

Espontânea: quando ocorre naturalmente, sem causa específica ou reconhecida. Normalmente existem fatores predisponentes associados. Exemplo: *flashes* retrocognitivos durante a hipnagogia.

Provocada: quando estimulada por algum fator desencadeante, geralmente externo. Exemplo: hetero-hipnose.

Autoinduzida: quando gerada intencionalmente pela própria pessoa – o autorretrocognitor – utilizando-se de diferentes técnicas ou fatores desencadeantes específicos. Exemplo: aplicação do *retrocognitarium*.

Quanto ao Nível de Lucidez

Semiconscientes: retrocognições obtidas durante estados alterados da consciência de menor nível de lucidez ou aquelas em que as memórias não refluem completamente, manifestando-se como lembranças vagas e imprecisas, muitas vezes nem mesmo sendo reconhecidas como retrocognições. Exemplos:

- emoções e fobias incompreendidas.
- sonhos e/ou pesadelos (muitas vezes recorrentes) de fundo retrocognitivo.
- repulsas e/ou afinidades sem causa aparente.
- sentimentos vagos, sensação de familiaridade, dejaísmo (o mais comum: *déjà-vu*).

- certas intuições, que na verdade são conhecimentos pessoais antigos que são recuperados ou trazidos de volta à memória presente.

Conscientes: lembranças de experiências passadas recuperadas durante estados conscienciais de maior lucidez e que são normalmente reconhecidas como retrocognições. Exemplos:

- *Efêmera:* rememorações rápidas e fugazes, quase sempre de imagens, cenas ou pessoas, na forma de *flashes* visuais.
- *Revivencial:* verdadeiro estado alterado da consciência em que o indivíduo sente que volta ao passado como se o estivesse revivendo ou sentindo novamente as mesmas dores, prazeres, emoções e envolvimentos humanos. Apesar de saber que é aquele próprio personagem do passado, sente-se ao mesmo tempo como um observador crítico externo. Algumas vezes tem um ponto de vista de dentro das cenas e outras vezes como se assistisse a tudo de fora, como em um cinema muito vívido e multissensorial. Muitas vezes pode-se identificar aqueles personagens do passado associando-os com os de hoje (reconhecimento).

Quanto ao Alinhamento dos Veículos

Na coincidência: neste caso, a retrocognição ocorre com a consciência dentro do soma. Exemplo: ao assistir a um filme de época.

Na semidescoincidência: durante a soltura parcial de algum veículo, normalmente o psicossoma, ou seja, com a consciência parcialmente fora do soma. Exemplo: sonho recorrente de fundo retrocognitivo.

Na descoincidência: durante uma projeção da consciência, semilúcida ou lúcida, através do psicossoma ou mentalsoma. Exemplo: lembrança de vida anterior desencadeada pela abordagem de consciência extrafísica durante projeção.

QUANTO AO VEÍCULO-SEDE DA CONSCIÊNCIA

Somática: com a consciência sediada no soma. Exemplo: dejaísmo de base retrocognitiva.

Psicossomática: com a consciência manifestando-se através do psicossoma. Também chamada de retroprojeção. Exemplo: lembrança do período intermissivo durante projeção de visita à procedência extrafísica.

Mentalsomática: com a consciência projetada através do mentalsoma. Exemplo: estado de cosmoconsciência.

QUANTO À SANIDADE DA EXPERIÊNCIA

Patológica: retrocognição que gera sério e duradouro estado de desequilíbrio emocional, mental e bioenergético no indivíduo. Nestes casos há quase sempre o envolvimento de assediadores extrafísicos (intrusores, obsessores), muitas vezes relativos àquele mesmo passado que foi relembrado. Outras vezes, o indivíduo envolve-se demasiado em suas memórias recém recuperadas e se aliena, parcial ou totalmente, da presente seriéxis. Nestes casos, mesmo a longo prazo, não se observa nenhum crescimento ou amadurecimento maior da personalidade.

Sadia: lembrança que traz mais autoconhecimento, senso de responsabilidade e maturidade à pessoa, mesmo que depois de breve fase de instabilidade e fragilidade. Nestas, observa-se quase sempre a atuação dos amparadores, os quais provavelmente desencadearão novas retrocognições, de acordo com o aproveitamento das informações recuperadas pelo amparado e de suas possibilidades e necessidades evolutivas. A *retro*cognição só pode ser considerada sadia quando impulsiona a consciência para a *frente*.

QUANTO AO BINÔMIO ANIMISMO X PARAPSIQUISMO

Anímica: ou autônoma – quando ocorre sem a influência ou acoplamento energético com outras consciências. Neste caso o indivíduo obtém sozinho a experiência, por sua própria predisposição ou pela atuação de sua intenção.

Parapsíquica: ou copromovida – quando desencadeada ou facilitada, intencionalmente ou não, por outra consciência, geralmente extrafísica, através do acoplamento áurico e consequente indução pensênica.

10

FENÔMENOS RELACIONADOS

A autoexperimentação e o estudo de casos de rememoração de experiências anteriores à vida física evidenciam que raramente a retrocognição ocorre sozinha, ou de forma pura.

Normalmente a retrocognição está associada a outras parapercepções ou fenômenos conscienciais (mais conhecidos como fenômenos parapsíquicos, paranormais ou extrassensoriais) como os listados a seguir:

Clarividência

Em certos tipos de clarividência, principalmente na facial, quando o acoplamento energético é mais intenso, um dos clarividentes pode acessar uma existência anterior da outra pessoa. Muitas vezes, esse acoplamento é mais complexo devido à participação de amparadores de ambos os envolvidos. Neste caso, em geral, amparadores parecem patrocinar e gerenciar a experiência.

Dejaísmo

Dejaísmo é a percepção de familiaridade ou pré-conhecimento de um lugar, pessoa, objeto ou evento – mais conhecida em uma de suas formas: o *déjà-vu.* Pode ser, em várias de suas ocorrências, reminiscências de experiências passadas com aquelas mesmas pessoas, lugares e objetos, ou até mesmo eventos semelhantes. Há ainda vários episódios de dejaísmo que são originários de projeções e alguns poucos podem ser resultado de disfunções cerebrais.

Experiência de Quase-morte (EQM)

A EQM – assim como os choques elétricos (muitas vezes devido a relâmpagos) e as legítimas abduções por *UFOs* – está entre os mais poderosos fatores estimuladores de parapercepções, que muitas vezes perduram por longos períodos de tempo.

Devido aos diversos fatores predisponentes que se apresentam durante experiências de quase-morte, tais como trauma, descoincidência, e presença de amparador ou mesmo de orientador evolutivo, alguns indivíduos recuperam parcialmente memórias de alguma vida passada e, principalmente, do período intermissivo anterior. Este fenômeno pode ser evidenciado nos casos nos quais quem experimentou a EQM redireciona sua vida de modo a recuperar a execução de sua programação existencial planejada durante a última intermissão.

Intuição

Se podemos definir intuição como a capacidade de saber, descobrir ou entender algo, além do processo regular, sequencial, de elaboração de pensamentos, podemos entender que várias inspirações, *insights, sacadas e eurecas* podem ser refluxos de habilidades ou conhecimentos aprendidos (mnemopensenes), adquiridos, desenvolvidos e elaborados em períodos anteriores à atual vida física.

Pangrafia

Nesta complexa e avançada forma de parapercepção, resultado da sinergia do melhor do animismo e do parapsiquismo, a expansão do mentalsoma do pangrafista e o estreito acoplamento com o amparador podem desencadear retrocognições profundas e sadias.

Projeção Consciente

Quando projetada, a consciência tem maior predisposição para retrocognições por estar usando o paracérebro, ou seja, por estar livre das limitações do cérebro físico, o qual normalmente não possui as memórias de experiências anteriores.

Esta predisposição pode ser bastante intensificada por outros fatores, como: retorno à procedência extrafísica; encontro com consciex afim; atuação direta de amparador, inclusive através de projeções visuais; intrusão pensênica proveniente de assediadores; e *rapport* energético com ambientes humanos antigos durante a projeção. Nestes casos, a experiência extrafísica é chamada de retroprojeção.

Psicometria

Nesta forma de leitura energética, ou holopensênica, de objetos, lugares ou pessoas, o *rapport* obtido pode evocar mnemopensenes semelhantes, em um processo de *sintonia temporal* da memória, desencadeando, nestes casos, retrocognições. Este mecanismo é usado na técnica do *retrocognitarium* (ver Capítulo 18). Por vezes, o psicômetra pode ter uma retrocognição de uma existência anterior de outra pessoa.

Visão Panorâmica

Visão panorâmica é a retrospectiva da vida que alguns indivíduos têm logo após a dessoma, durante EQM, doença física crítica, situações de iminência de morte, entre outras. Esta intraprojeção, ou revisão existencial, poderia ser considerada, em certo sentido, uma retrocognição, devido à sua profundidade, extensão e significado, e também por ser, no caso do dessomante, entre a 1ª dessoma e o sono reparador, a recuperação de memórias de uma existência anterior vivida em outra dimensão.

11

ESTADOS CONSCIENCIAIS RELACIONADOS

A consciência é muito dinâmica e multifacetada. É impossível separar estados conscienciais em conjuntos estanques e excludentes. Na verdade estes se superpõem em vários níveis.

Assim como com os distintos fenômenos conscienciais estudados no capítulo anterior, a retrocognição quase sempre está associada a diferentes estados alterados da consciência, seja como causa ou efeito, conforme análise a seguir:

Hipnagogia

Muitas retrocognições ocorrem nesse corriqueiro estado consciencial, quando há o predomínio de atividade alfa no córtex cerebral. Esse estado pode ser percebido como o nível de lucidez intermediário ou fronteiriço entre a vigília física ordinária e o sono leve.

Na hipnagogia, a consciência, ainda manifestando-se basicamente através do cérebro físico, apresenta maior predisposição ao onirismo e à concentração, oferecendo menor resistência ao afloramento de memórias antigas desta ou de outras existências. Em tal contexto, as fronteiras entre as memórias conscientes, semiconscientes e inconscientes se diluem. A maioria das técnicas usualmente empregadas para obtenção da retrocognição têm como objetivo levar o indivíduo a esse estado.

Sonhos

O sonhar – como mecanismo de reorganização das sinapses cerebrais e, portanto, das memórias, e também como válvula de escape ou compensação para diversas formas de pressões psicológicas – facilita o refluxo de certas lembranças mais antigas, principalmente quando traumáticas.

Durante a simulação da realidade produzida pelos sonhos, as memórias, recentes ou antigas, são realocadas e repriorizadas. Ao longo desse processo, certas informações provenientes do paracérebro, devido à sua proximidade com o soma, se imiscuem no fluxo fisiológico de dados mnemônicos, podendo então interferir no enredo básico do sonho, ou mesmo determiná-lo.

Muitos sonhos recorrentes ou repetitivos têm como origem determinados blocos de mnemopensenes oriundos de existências passadas. Às vezes, quando não são reminiscências de projeções conscientes, certos sonhos longos, muito vívidos e plausíveis, verdadeiros filmes ou epopeias, podem ter como fator desencadeante fragmentos de memórias de vivências anteriores.

PESADELOS

Tomado como uma forma de sonho desagradável, o pesadelo tem basicamente as mesmas características já discutidas anteriormente.

Durante o desenrolar do sonho comum, a consciência tem a tendência de integrar ao mesmo certos estímulos externos ou internos, através de imagens ou simulações de contextos que justifiquem a percepção captada. Por exemplo: o som de uma porta batendo com o vento pode ser integrado ao sonho como uma explosão. Da mesma forma, sensações desagradáveis podem distorcer o ritmo natural do sonho, transformando-o em pesadelo, como nos casos de temperatura ambiental alta, indisposição digestiva, febre ou ambiente com pouco oxigênio. Fatores psicológicos como preocupações e conflitos diversos, e mesmo os fatores extrafísicos tais como intrusões conscienciais, com a consequente poluição dos pensenes normais do sonhador com xenopensenes do(s) intrusor(es), podem gerar pesadelos.

Seguindo a mesma linha de raciocínio, pode-se entender que certas memórias subliminares de traumas de vidas anteriores, não menos importantes por serem inconscientes, podem causar pesadelos, principalmente quando associadas a assédios ou intrusões energéticas assentadas naquelas mesmas memórias.

Meditação

Originalmente aplicada como forma de elevação do nível consciencial, visando à obtenção do estado de cosmoconsciência (ver tópico específico adiante), a meditação é entendida e aplicada pela maioria das pessoas hoje em dia, em múltiplas formas, basicamente como forma de relaxamento físico e mental, controle de estresse e recuperação energética. Por levar a maioria ao estado hipnagógico, a meditação predispõe os praticantes às retrocognições pelos motivos já discutidos.

De qualquer forma, esta prática não está entre as técnicas mais eficazes para obter-se retrocognições ou projeções conscientes, até mesmo porque a maioria dos *meditadores* dorme durante suas práticas de meditação.

Transe Hipnótico

Estado de redução da vontade própria do indivíduo, que tem muita semelhança com a hipnagogia, pois induz o estado alfa e assemelha-se ao sonho. Na prática, é quase sempre induzido por outra pessoa (hetero-hipnose), a qual conduz ou orienta a recuperação de memórias específicas. Esta forma de retrocognição é a mais utilizada atualmente, principalmente nas chamadas terapias de vidas passadas ou de vivências passadas (ver Capítulo 14).

Transe Parapsíquico

Quando neste estado alterado da consciência, popularmente conhecido como transe mediúnico, incorporação, canalização ou *channeling*, o parapsíquico pode ter retrocognições desencadeadas pelo estreito contato energético com a consciência comunicante.

Seja sob a forma de psicofonia (comunicação vocal), psicografia (pela escrita), energização assistencial em acoplamento com consciência extrafísica ou em qualquer outra forma de simbiose consciencial, a profunda transfusão bidirecional de pensenes pode funcionar como elemento de evocação de memórias antigas, muitas vezes comuns a ambos, ou seja, da mesma vida convivida em conjunto.

Intrusão Consciencial

Pelos mesmos mecanismos discutidos no item anterior, uma intrusão consciencial (assédio, obsessão, *encosto*, possessão em maior ou menor grau) pode ativar uma retrocognição, neste caso virtualmente sempre patológica.

Um dado interessante é que, neste tipo de abordagem, a consciência extrafísica tem frequentemente o propósito, bem como os meios, de desencadear lembranças no assediado, com a intenção de evocar lembranças específicas, negativas, patológicas, para fragilizar emocional e energeticamente a vítima, a qual perde o que restava de autodefesa energética, devido ao consequente estado de culpa, vergonha ou mesmo de desmotivação pela presente vida e seus desafios.

Transe Anímico

Em certas circunstâncias, alguns indivíduos manifestam transes que, para todos os efeitos e testemunhas, parecem ser um transe parapsíquico, o que, no entanto, para as percepções de um clarividente veterano, revelam não ter a participação de nenhuma consciência extrafísica. Nestas circunstâncias, o indivíduo em transe muda de voz, entonação, postura física ou mesmo de idioma, porém vários destes casos são, de fato, um mergulho retroativo na memória integral da própria pessoa, de tal forma que a mesma reassume uma personalidade (sua mesmo) do passado. Mais do que um relembrar, neste caso incorpora-se temporariamente aquele eu do passado.

Um exemplo clássico, estudado no século XIX, é o do astrônomo francês Camile Flamarion que supostamente canalizava Galileu Galilei, até que se descobriu que Flamarion havia sido o próprio Galilei no passado.

Múltipla Personalidade

Dentro das limitações do paradigma materialista, esta forma de psicose tem resistido a todas as tentativas de explicação e dissecação de seus mecanismos e causas. Porém, considerando-se a multidimensionalidade e serialidade da consciência, entende-se com certa obviedade que, além de uma grande maioria de casos causados por intrusões conscienciais, muitos podem ser resultado de personalidades ou *eus* anteriores da mesma consciência, que afloram novamente, sem o elemento organizador da lucidez, como discutido anteriormente no caso mais benigno do transe anímico.

Cosmoconsciência

Conhecido também como consciência cósmica, *samadhi, nirvana, satori,* iluminação, consciência oceânica, integração universal, entre muitas outras expressões, trata-se de um dos estados conscienciais mais raros, porém dos mais avançados e positivos. É resultado da exacerbação saudável da atividade do mentalsoma, o qual manifesta-se além das limitações do psicossoma e do soma, possibilitando experiências que transcendem espaço, tempo, formas e emoções.

A expansão da consciência e de vários de seus atributos propicia, em certos casos, uma forma superior de retrocognição, que não se apresenta como *flashes* indistintos ou lembrança de eventos em sequência e sim como recuperação em bloco de grandes áreas da holomemória, às vezes de várias vidas ao mesmo tempo.

12

FATORES BLOQUEADORES

O trauma do renascimento é geralmente bem maior que o da dessoma. A redução de marcha *da ressoma é o principal fator de bloqueio das lembranças do passado.*

Para o estudo teático das retrocognições é muito importante estudar as causas do esquecimento do que já vivenciamos no passado e da dificuldade de recuperação daquelas memórias.

Vários são os mecanismos de bloqueios mnemônicos e a influência relativa de cada um deles vai depender de cada indivíduo.

Vejamos a seguir os fatores bloqueadores mais importantes:

Parapatologia do Mentalsoma

A falta de desenvolvimento do mentalsoma, aqui visto como uma forma de parapatologia, talvez seja o mais importante fator bloqueador das retrocognições. Na verdade, trata-se da própria falta de evolução da consciência e de desenvolvimento de seus atributos. Estando em um nível evolutivo em que ainda perdemos 1/3 de nossas vidas com o coma evolutivo natural do sono fisiológico, não há porque nos surpreendermos com a dificuldade de lembrar vidas ou intermissões passadas.

Baixa Autoconscientização Multidimensional

A conscin mediana pode apresentar um nível razoável de lucidez em seu dia-a-dia, observável através das corriqueiras manifestações intrafísicas, tais como a capacidade de raciocinar, decidir, perceber e criar. Porém, o que se percebe na prática é que a grande maioria das pessoas é praticamente incapaz de manifestar este mesmo nível medíocre de lucidez estando fora do soma, em outras dimensões. Ou seja, falta adaptabilidade, flexibilidade, ou *jogo de cintura holossomático* para a maior parte das consciências humanas.

A autoconscientização multidimensional (AM) é a capacidade da consciência de estar lúcida quanto a várias dimensões diferentes, percebendo claramente suas respectivas realidades e atuando nas mesmas de forma consciente e coerente.

A AM pode ser medida segundo, pelo menos, três fatores determinantes:

1. o nível médio de hiperacuidade (medido em cons) que pode ser alcançado em cada dimensão;
2. o número de diferentes dimensões em que a consciência pode manifestar-se lúcida;
3. sua habilidade e rapidez em mudar de dimensão mantendo o máximo de continuísmo consciencial.

Baseado no exposto, conclui-se que uma das causas para a dificuldade da recuperação de memórias retrocognitivas é a inabilidade da conscin de acessar seu paracérebro estando fora do corpo, próxima à dimensão física ou mesmo em outras dimensões com menor conexão com o planeta. Por este e outros motivos, o exercício da projetabilidade lúcida é uma das principais formas de desenvolvimento das retrocognições.

CHOQUE DA RESSOMA

Ao contrário do que pensa a maioria das pessoas, o trauma do renascimento é geralmente maior que o da dessoma. Na ressoma a consciência passa para uma condição de restringimento intenso, tendo reduzida a sua lucidez, perdendo sua liberdade extrafísica, e sutileza de manifestação e percepção. Além disto, volta a sofrer todas as limitações do corpo físico (gravidade, respiração, cansaço, dor, enfermidades, entre outras). Por outro lado, na dessoma a consciência volta àquela condição de maior sutilidade.

Se o simples fato de estar ressomado dentro de um corpo físico maduro implica em um inevitável e crônico estado de limitação da consciência, fica fácil inferir que a condição de repressão que a consciência sofre ao iniciar uma nova vida física, em um soma bastante imaturo e despreparado, é ainda mais aguda, principalmente devido ao despreparo do sistema nervoso central.

Levando-se em conta a extensão total de tempo do período intermissivo mais o da vida atual, entende-se que a ressoma impõe uma mudança algo súbita de dimensão, de sede da consciência, do veículo pensenedor (corpo que gera e manifesta os pensenes) e de energias conscienciais. O choque desta mudança abrupta causa o blecaute do continuísmo da lucidez ou, em outras palavras, uma fissura ou ruptura em sua continuidade de manifestação.

Da mesma forma que uma noite de sono nos faz esquecer vários detalhes do dia anterior, uma pequena *ausência* pode causar um *pseudo-déjà-vu*, ou uma rápida mudança de foco de atenção faz a muitos esquecerem o que estavam falando ou pretendiam fazer, a *mudança de marcha* da ressoma bloqueia profundamente nossas memórias de outras vivências. Este mecanismo é similar ao do blecaute projetivo na reinteriorização, o qual bloqueia a rememoração daquela experiência extrafísica.

FALTA DE MATURIDADE CONSCIENCIAL

Se a vida física, mesmo sendo medíocre e monótona para a grande maioria das consciências, cria estresses, conflitos e sofrimentos, inclusive levando muitos a pseudofugas, como drogas ou suicídio, o que aconteceria se boa parte da população se lembrasse de experiências anteriores, que, na prática, resultariam em uma sobrecarga indigerível de mais conflitos e problemas? Como reagiria um indivíduo comum ao saber que seu filho foi o amante de sua esposa em uma vida passada? Qual seria a qualidade da educação e da energia que uma mãe poderia dar a seu filho, depois de descobrir que este foi um de seus piores assediadores até o princípio de sua gravidez? O que fazer ao ter uma retrocognição afetiva e reacender uma velha paixão por uma pessoa que hoje está impedida aos seus sentimentos e energias?

Estes e muitos outros exemplos extraídos da realidade diária indicam que não temos retrocognições inclusive por falta de maturidade consciencial, aqui entendida, de forma resumida, como alto nível de lucidez, estabilidade emocional, equilíbrio psicológico, autocontrole pensênico, estrutura experiencial e impecabilidade cosmoética.

BLOQUEIOS ENERGÉTICOS

O estudo da holossomática e as observações de projetores conscientes indicam que a consciência comanda o corpo físico através das energias conscienciais do energossoma. Ou seja, os chacras, em conjunto, atuam como interface entre o psicossoma e o soma.

Seguindo esta linha de raciocínio, vê-se que bloqueios energéticos no crânio em geral, do frontochacra e principalmente do coronochacra, limitam a intensidade e afetam a qualidade do fluxo de informações entre o paracérebro e o cérebro físico.

Sendo o paracérebro a mais acessível fonte de memórias que transcendem a vida atual, entende-se que estes bloqueios dificultam as retrocognições lúcidas e, inclusive, as rememorações de projeções conscientes.

É este mesmo mecanismo que torna mais fácil recuperar informações de outras vivências estando o indivíduo projetado, ou parcialmente desconectado, como no caso do estado hipnagógico ou da hipnose.

Cicatrizes Retropsíquicas

Da mesma forma que certos acidentes deixam registros de sua ocorrência em nosso soma na forma de cicatrizes, vários traumas, sofrimentos, descompensações energéticas e assédios do passado deixam "cicatrizes" em nossos corpos mais sutis, principalmente no psicossoma ou corpo emocional. Tais cicatrizes não são necessariamente marcas visíveis à visão extrafísica. São, em sua maioria, registros pensênicos entranhados na estrutura do psicossoma.

Um bom exemplo desse mecanismo é o caso real da pessoa que sofria de crises severas de asma de forma regular e frequente, e que superou totalmente esta enfermidade depois de passar por uma terapia hipnótica regressiva e lembrar-se de que na vida anterior havia morrido em um incêndio, asfixiada pela fumaça.

O sofrimento e desespero associados a tal tipo de morte gravou mnemopensenes – intensamente carregados no *sen* (sentimento) – na estrutura psicossomática daquela consciência. Ressomando em um novo corpo, o psicossoma – matriz da formação e manutenção do soma – imprimiu novamente as mesmas características daquele momento do passado no corpo físico usado no presente.

Ao lembrar-se daquele evento e abordá-lo de maneira mais lúcida e racional, o indivíduo dissipou boa parte da carga energético-emocional da experiência, reduzindo ou cessando completamente as manifestações físicas da asma (catarse). De qualquer forma, aquelas lembranças não serão esquecidas jamais, pois fazem parte da holomemória daquela pessoa.

Os últimos pensenes em uma vida – omegapensenes – gerados com incomum intensidade imediatamente antes e durante o processo da 1ª dessoma, determinam profundamente várias características da vida seguinte.

Qual será, provavelmente, a qualidade e intensidade de seu omegapensene?

REPRESSÕES

A partir do conhecimento dos mecanismos de defesa do ego, e entre eles, em especial, a repressão de memória, entende-se que a consciência bloqueia inconscientemente certas memórias traumáticas do passado *desta ou de outras vidas* para evitar sofrer novamente.

Análogo às más experiências desta vida física, que a princípio são dolorosas e que, com o tempo, vão perdendo sua intensidade até serem lembradas mais intelectualmente que emocionalmente, algumas vezes até se tornando piada, também os traumas do passado necessitam ser trazidos "à tona" da consciência para serem esvaziados de seu conteúdo emocional.

O desenvolvimento da consciência, que se faz cada vez mais forte, leva naturalmente à desrepressão.

BLOQUEIOS PROGRAMADOS NA INTERMISSÃO

Como parte do planejamento e preparo para a próxima vida física, para evitar desvios ectópicos na proéxis ou evocações conscienciais indevidas, a consciência pode receber uma intervenção pensênica por parte dos amparadores ou orientador evolutivo, de forma a bloquear certas memórias ou períodos específicos de sua para-história ou de sua biografia multiexistencial. Isto explicaria também a dificuldade maior de se recuperar as lembranças de certas vidas específicas.

AMPARO

Através de mecanismo semelhante ao abordado no item anterior, e pelos mesmos motivos, os amparadores muitas vezes atuam de modo a fazer a manutenção durante a vida física dos bloqueios pensênicos instalados no período intermissivo. Muitas vezes, para proteger a homeostase da conscin, eles são obrigados pelas circunstâncias a atuar mais para evitar as retrocognições do que para estimulá-las – ao contrário de certos assediadores.

Desinteresse e Preguiça Mental

Saber da existência de vidas anteriores já é um grande passo para reciclar pensenes e desfazer vários bloqueios e condicionamentos, porém, na grande maioria das vezes, necessita-se mais do que isto.

Para obter-se autorretrocognições sadias regulares, como uma conquista evolutiva, são necessários dedicação e certo trabalho. Muita gente nunca teve lembranças de seu passado anterior ao renascimento simplesmente porque nunca tentou ou esforçou-se para tal.

Retrocognições podem ser obtidas através de técnicas adequadas (Ver Capítulos 17 e 18).

Hipomnésia Física

Seria ingênuo pensar que alguém com deficiências de memória física possa ter facilidade para recordar de suas experiências passadas de forma regular e autônoma. Se não nos lembramos dos dados mais simples, físicos e acessíveis, como nos lembrar dos mais complexos e de difícil acesso?

Para a conscin, a holomemória se assenta na memória física. Para se atingir a primeira, normalmente é necessário conquistar e dominar a segunda (ver Capítulos 3 e 17).

Você se lembra do que almoçou ontem?

13

ALERTAS E CUIDADOS

É necessário cuidado e assepsia energética ao exumar nosso passado ou de outrem, da mesma forma que é necessária a assepsia física ao exumar cadáveres.

Com o objetivo de acentuar os benefícios evolutivos da retrocognição sadia, evitar-se retrocognições patológicas e minimizar os possíveis efeitos negativos posteriores, é importante estar lúcido para os fatores a seguir. O conhecimento prévio destes pontos permite ao autoexplorador consciencial preparar-se objetiva e subjetivamente para o que possa vir.

Certeza

A consciência humana é muito complexa, dinâmica e mutável. A grande maioria das retrocognições, principalmente as espontâneas, ocorrem em estados conscienciais de menor nível de lucidez, como a hipnagogia, os sonhos e o transe hipnótico. Devido a isso, é importante manter a autocrítica sempre, a fim de evitar enganos.

Certas experiências, aparentes retrocognições, podem ser, na verdade, resultado de algum onirismo (fantasia semiconsciente); imagens espontâneas resultantes da hipnagogia natural; refluxo de memórias desta corrente vida; ou ainda captação de pensenes de outras consciências, físicas ou extrafísicas (inclusive assediadores ou guias cegos).

Inúmeras vezes pode-se observar casos de pessoas que tiveram um único e rápido *flash* de imagens, do Egito antigo por exemplo, e a partir daí assumem a certeza de que viveram realmente naquela época.

Para evitar esse tipo de engano deve-se aplicar a fórmula: *10 retrocognições sadias = 1 certeza*, ou seja, deve-se esperar pelo chancelamento da possibilidade de uma determinada vida no passado, através da acumulação de várias experiências similares, complementares, coerentes, e que se confirmem mutuamente por apresentar mais pontos em comum que fatores excludentes.

Com o acúmulo de retrocognições que se corroboram e complementam mutuamente, o indivíduo vai entendendo cada vez mais o panorama ou visão de conjunto de seu passado, à medida que vai montando o quebra-cabeças, peça por peça, de sua autobiografia multiexistencial.

MONOIDEÍSMO

Ao lembrar de experiências do passado, reais ou não, alguns indivíduos passam a ocupar a maior parte de seus recursos conscienciais (tempo consciencial, espaço consciencial e energia consciencial) com aquela vivência específica, supostamente rememorada. Neste caso, a pessoa apresenta uma ideia fixa com relação àquele passado. Isto ocorre principalmente quando da lembrança de fatos mais marcantes, como de um grande amor perdido, sofrimentos intensos, ou mesmo quando se trata de uma vida com certa projeção social e econômica.

Esse monoideísmo, quando mais intenso e duradouro, pode levar a um estado de obcecação, auto-obsessão, ou auto-assédio. É importante frisar que o único tempo real é o agora, porque é quando podemos atuar. Devemos lembrar do passado para nos conhecermos melhor, evitarmos os mesmos erros e orientar com mais exatidão nosso caminho rumo ao futuro.

PSEUDOASSÉDIO

Alguém que tenha tido uma retrocognição marcante pode apresentar mudanças maiores ou menores, temporárias ou mais permanentes, em seu comportamento, ideias ou preferências. Ao acessar áreas mais amplas de sua holomemória, a consciência, intrafísica ou extrafísica, incorpora parcialmente aquele modelo anterior de personalidade acessado.

Essa mudança pode ser entendida pelo próprio retrocognitor, ou por seus conhecidos, como sendo um assédio ou intrusão proveniente de alguma consciência extrafísica. Em certos casos, esse processo pode manifestar-se como dupla ou múltipla personalidade. Em muitas situações ocorrem concomitantemente ambos os tipos de assédio – autoassédio e heteroassédio – um intensificando o outro.

Automimese Consciente

Não raro, pessoas que obtiveram algum tipo de retrocognição decidem conscientemente dar continuidade àquele modo ou padrão de vida que foi relembrado, alterando, às vezes profundamente, seu rumo de vida atual. O retrocognitor se sente atraído ou seduzido por aquele antigo holopensene, ou procura fugir ou alienar-se do presente.

Na maioria absoluta dos casos, o resultado desta "volta ao passado" será simplesmente ectopia e incompletismo existencial.

Evocações de Assédios do Passado

A ressoma pode ser, para muitas pessoas, o equivalente consciencial ou holocármico do *Witness Protection Program* (Programa de Proteção à Testemunha) do governo americano.

Devido ao fato de esquecer o passado e de ressomar sob os efeitos de novo corpo, cultura, família, energias e, até certo ponto, holopensene, a conscin se torna inacessível aos seus antigos assediadores, que agora não são capazes de rastreá-la energeticamente e encontrá-la.

No momento em que se tem uma retrocognição, tais lembranças (retropensenes) podem evocar, chamar a atenção ou atrair aqueles mesmos intrusores do passado, criando a partir daí um assédio interconsciencial típico.

Por esse motivo, é muito importante que o indivíduo que planeja começar seu programa de autorretrocognições estude, pratique e domine tudo o que possa sobre as diversas formas de bioenergia e suas técnicas, principalmente a do EV ou estado vibracional, que funciona como procedimento básico de autodefesa energética.

Outra abordagem simples, porém efetiva, para evitar as evocações e manutenção dos assédios é a aplicação de técnicas de higiene mental, que ajudam o praticante a sair temporariamente de sua ideia fixa e, portanto, a mudar seus pensenes.

Essa necessidade de autodefesa energética vale também, às vezes sendo ainda mais importante, para os heterorretrocognitores (indivíduos que provocam ou conduzem retrocognições alheias), os quais, durante a exumação do passado de seus pacientes, correm o risco de se envolver pensenicamente com estes *passados* e seus respectivos personagens, sejam eles hoje conscins ou consciexes.

Relações do Grupo Cármico

Muitas das retrocognições podem trazer informações quanto aos papéis representados no passado por várias consciências de nosso grupo evolutivo que têm atualmente determinado grau de convivência conosco. Muitos foram nossos parentes, amigos, amantes ou, ainda, inimigos e algozes. Algumas vezes não é fácil conviver com certas pessoas, e com as memórias relativas a elas, depois de nos tornarmos lúcidos de determinados fatos do passado.

Este alerta é especialmente válido no caso de amores profundos do passado, que agora são pessoas interditadas ou inabordáveis ao nosso afeto ou sexualidade. A experiência mostra que, muitas vezes, consciências que estão hoje no papel de pai e filha ou mãe e filho, foram amantes no passado. Quantas famílias teriam maturidade para saber deste fato através de retrocognições afetivas?

A maturidade consciencial e a compreensão cosmoética são essenciais para perdoar a todos e para ser perdoado (e às vezes para não o ser). Idealmente, as retrocognições deveriam, a médio e longo prazo, após o necessário período de recomposição, melhorar nosso saldo grupocármico, e não piorá-lo.

DESCOMPENSAÇÕES EMOCIONAIS

Utilizando-se de todas as técnicas e abordagens fornecidas pela Conscienciologia e Projeciologia, deve-se evitar e sanar, quando necessário, os seguintes desequilíbrios emocionais típicos, resultantes das recordações de vivências passadas: mágoa, ressentimento, melancolia, saudade, vergonha, culpa, desmotivação, síndrome do estrangeiro, fragilização afetiva e outros de mesma natureza.

DESCOMPENSAÇÕES ENERGÉTICAS

Além do discutido anteriormente com relação à autodefesa quanto aos assédios do passado, o domínio das bioenergias em todas as suas formas de manifestação é marcadamente importante como recurso de manutenção do equilíbrio holossomático do retrocognitor. Os refluxos de retropensenes podem instalar estados de desequilíbrio energético, fisiológico, ou emocional.

Possuidora do controle de suas próprias energias, a conscin lúcida poderá sanear ou atenuar esses efeitos, muito comuns nas retrocognições, principalmente naquelas de cunho afetivo.

SOMATIZAÇÕES

Além de descompensações emocionais e energéticas, as retrocognições podem instalar processos fisiológicos mais objetivos, que são sentidos e vistos como problemas de saúde ou doenças. A melhor forma de combater esses desvios de homeostase é o exercício do estado vibracional e, também, de absorção e exteriorização de energias quando necessário.

Há casos, como nos relatos do autor inglês Arthur Guirdhan, em que certas pseudoenfermidades antecedem em alguns dias o afloramento das respectivas memórias do passado que as provocaram, caracterizando uma espécie de fase de incubação da retrocognição.

14

CONSIDERAÇÕES SOBRE A HIPNOSE

A hipnose pode ser uma poderosa e válida ferramenta de assistência e pesquisa se bem empregada, contudo é uma intrusão energética – parente de primeiro grau da lavagem cerebral – e deve ser evitada sempre que possível.

Ao estudar o tema das ressalvas e cuidados relativos à retrocognição, é impossível deixar de tocar no assunto da hipnose, o qual aqui recebe um capítulo à parte devido à sua importância e complexidade.

Técnicas, hoje chamadas de hipnose, existem há muito tempo, de uma ou outra forma (mesmerização, magnetização, entre outros), assim como as projeções conscientes, experiências de quase-morte e retrocognições.

Historicamente considera-se que Franz Anton Mesmer (1734-1815) foi o pioneiro na aplicação mais terapêutica e popular dessas técnicas, que naquela época receberam o nome de magnetização. Mesmer afirmava que uma força, a qual foi batizada de magnetismo animal ou fluido magnético (bioenergia), era intercambiada entre terapeuta e paciente, causando os efeitos observados. Desde os dias de Mesmer até a atualidade, a hipnose tem sido fonte de muita polêmica, medo, desconhecimento e má aplicação.

O público em geral considera ser hipnose aquela sessão clássica em que o hipnotizador se utiliza de um tom de voz monótono e suave e, às vezes, de algum objeto com movimento repetitivo para captar a atenção, normalmente saltuária, da maioria das pessoas.

De acordo com a observação, aceita-se hoje o consenso de que aproximadamente 10% da população não cede ao transe hipnótico, outros 10% entram em transe hipnótico profundo e os restantes 80% são passíveis de um nível superficial de sugestão hipnótica.

Observou-se também que, em geral, as pessoas mais criativas e inteligentes (pelo menos sob o conceito convencional de inteligência) são as mais predispostas a serem hipnotizadas, enquanto que esquizofrênicos são quase impossíveis de serem postos em transe hipnótico.

Nas últimas décadas, a hipnose tem sido usada para um sem-número de objetivos, como por exemplo: anestesia (principalmente odontológica); obtenção de testemunhos mais precisos e completos; recuperação de memórias em casos de abdução por *UFOs*; *shows* e demonstrações populares; e regressões de memória visando superação de traumas reprimidos desta ou de outras vidas.

Porém, escapa à maioria uma série de importantes fatores que se tornam essenciais sob o ponto de vista multidimensional, bioenergético e cosmoético, dentre outros enfoques da Conscienciologia.

Existem muitas formas de hipnose, umas mais brandas e outras mais dominadoras. É impossível viver sem aplicar ou receber certo nível de imposição ou sugestão hipnótica. Todos somos sugestionadores, sugestionáveis e sugestionados ao mesmo tempo. Existe alguma influência hipnótica na maioria de nossas relações, como, por exemplo, nas seguintes vivências cotidianas: durante uma aula; no transcurso de uma conversa; em uma reunião social; durante um processo de compra e venda; ao assistirmos televisão ou cinema; e durante uma apresentação de um projeto para a diretoria de uma empresa.

Ao contrário do afirmado e defendido por muitos dos profissionais da hipnose, esta diminui o nível de lucidez do hipnotizado, e não o incrementa. Aquela afirmação causa preocupação porque demonstra o desconhecimento dos mecanismos e características dos estados alterados da consciência por parte de muitos de seus profissionais.

O hipnotizado realmente entra em um estado consciencial em que certos atributos da consciência ficam exacerbados, como a atenção e a memória por exemplo. Porém, está no extremo oposto da cosmoconsciência. Na hipnose, a vontade, mola mestra da consciência, fica subjugada por uma vontade externa.

Como argumento adicional para esta linha de raciocínio é interessante lembrar do caso de certos indivíduos autistas, chamados de *idiot savant* (idiota sábio) que, dentre outras capacidades, manifestam uma memória incrível, e nem por isso se considera que estejam em um estado de superconsciência. No caso do *idiot savant*, talvez aqueles atributos conscienciais resultem exacerbados às custas da redução drástica de vários outros, exatamente como no caso do transe hipnótico.

Existem os casos de certos indivíduos que, a cada sessão de retrocognição, dizem recordar de uma vida diferente, com um enredo totalmente distinto dos demais. No seu conjunto, às vezes de muitas sessões, vê-se que as estórias não se encaixam nem se corroboram mutuamente e que o indivíduo não parece mudar ou melhorar em suas características gerais – justamente o oposto do que costuma acontecer com aqueles que têm retrocognições autênticas. Tal comportamento deveria ser melhor analisado e esclarecido pelos heterorretrocognitores, pois pode ser uma simples manifestação de imaginação muito fértil.

A hipnose pode ser uma poderosa e válida ferramenta de assistência e pesquisa. Contudo, pode ser comparada a uma cirurgia, sendo, neste caso, uma intervenção na intimidade da consciência, seus corpos sutis, pensenes, memórias e energias. Da mesma forma que um procedimento cirúrgico deveria ser o último recurso médico, a hipnose é aceitável quando todas as outras abordagens conhecidas já foram tentadas ou descartadas depois de criteriosa análise. Alguns *veterinários humanos* apelam para a cirurgia de maneira simplista e precipitada, da mesma forma que alguns terapeutas usam a hipnose como uma cirurgia exploratória, que deixa mais sequelas que benefícios.

Existem, definitivamente, hipnoterapeutas conscientes e capazes, porém, em minha experiência ao longo dos anos, venho observando que a maioria não conhece nada sobre bioenergia e intrusão consciencial. Não entendem que a hipnose, uma intrusão energética, é *parente de primeiro grau da lavagem cerebral*, tem profundas semelhanças com o assédio interconsciencial ou intrusão assediadora, e estabelece uma ascendência energética do terapeuta sobre o paciente, às vezes permanente. Resumindo: deve ser evitada sempre que possível.

Se, hoje, alguém tem extrema facilidade para hipnotizar outros, algumas vezes sem nem mesmo necessitar falar, bastando o olhar, toque físico, estalar de dedos ou o posicionamento de uma das mãos sobre a testa do hipnotizando, deveria considerar seriamente a possibilidade de ter sido assediador extrafísico veterano recentemente. Amparadores nunca atuam desta forma e nenhuma de suas ações sequer se assemelha à hipnose. Por outro lado, muitas das abordagens dos assediadores lembram a hipnose.

Se alguém sabe que é muito sugestionável, deveria considerar abordagens para reforçar suas energias, autodefesa e poder de vontade. Deveria ainda instalar estados vibracionais regulares visando, entre outros pontos, verificar a presença de consciências extrafísicas em sua psicosfera.

Principalmente no caso dos terapeutas de vivências passadas, que acabam usando de uma ou outra forma de hipnose, deve-se levar em conta outros pontos adicionais.

O primeiro deles é a importância da evitação de sessões de regressão em grupo, onde o hipnoterapeuta, ao mesmo tempo e no mesmo ambiente, conduz várias pessoas a lembrarem de vivências passadas. Devido aos acoplamentos áuricos e assimilações simpáticas, é bastante comum pessoas começarem a acessar as memórias de outros indivíduos presentes, sejam estes consciências intrafísicas ou extrafísicas. Muitas vezes é mais fácil ter a retrocognição de outro que nossa própria, devido aos bloqueios pessoais já discutidos anteriormente. Vale aqui, ainda, a comparação didática com a cirurgia: é necessário manter a assepsia, evitando, assim, o contágio pensênico entre distintos pacientes.

É necessário cuidado e assepsia energética ao exumar nosso passado ou de outrem, da mesma forma que é necessária a assepsia física ao exumar cadáveres.

Muitos hipnoterapeutas que trabalham com terapias de regressão afirmam não usar hipnose. Entretanto, colocam o paciente em uma postura confortável, pedem para que feche os olhos – às vezes existe uma música suave – e, então, o começam a conduzir, instruindo-o oralmente a relaxar mais, a desconectar-se do momento e lugar, a prestar atenção a certas ideias e imagens que venham à mente, segui-las, e assim por diante. O que mais preocupa é constatar que muitos terapeutas não reconhecem o referido procedimento como hipnose, em uma das várias formas, em alguns casos, talvez um pouco menos intrusiva.

Outro ponto sério é que muitos dos terapeutas não estão lúcidos para o papel, presença e atuação das consciências extrafísicas – assediadores, guias cegos ou amparadores – em suas seções. Nos casos em que a hipnose é empregada adequadamente para a obtenção de regressões, o hipnoterapeuta atua como um catalisador ou facilitador, enquanto que o controle primário de todo o processo está nas mãos dos amparadores.

Importante também é a necessidade de suporte e acompanhamento por parte do terapeuta após as retrocognições induzidas. Muitas vezes, nestes processos, a *Caixa de Pandora* é aberta e é imprescindível dedicar tempo e trabalho até que a crise seja superada.

Tenho visto casos de pessoas despreparadas, que fazem um curso de hipnose de final de semana, e que começam a atender indivíduos, visando à terapia através de regressão a vidas passadas, não podendo ou não querendo prestar o suporte posterior necessário (pós-operatório, UTI).

Se você, leitor, um dia se decidir a obter retrocognições induzidas por um hipnoterapeuta, mesmo após tentar obter lembranças de vivências anteriores por você mesmo (ver Capítulos 17 e 18), verifique com toda sua lucidez se:

1. o terapeuta realmente tem experiência e preparo para tal;
2. realiza somente sessões individuais;
3. é alguém de fora de seu círculo de contatos ou amizades;
4. é lúcido da realidade das bioenergias e das consciências extrafísicas;
5. está positivo e equilibrado holossomaticamente naquele dia;
6. seu ambiente de trabalho tem um holopensene positivo e assistencial;
7. se você percebe seus próprios amparadores e os dele, antes, durante e depois da sessão.

Além disto, passe toda a semana anterior à sessão retrocognitiva agendada instalando estados vibracionais várias vezes por dia.

Baseado nos fatos conscienciais e evolutivos, vê-se que não existe heterocura mas somente autocura. O médico, psicólogo, professor de Conscienciologia e Projeciologia ou mesmo este autor, ou qualquer outro, podem ser, no máximo, elementos desencadeantes ou facilitadores do processo de autossuperação.

Somente a própria consciência tem as condições, elementos e oportunidades para sanar as reais causas das enfermidades. Por isso, a *intervenção hipnótica*, assim como uma cura energética, será sempre alguma forma de consolação, pois, como o trabalho está nas mãos do terapeuta, podem estabelecer-se dependências emocionais e energéticas, e não ocorrerá, tampouco, o esclarecimento do indivíduo de modo a capacitá-lo a solucionar seus problemas por si mesmo.

15

BENEFÍCIOS

Hoje em dia, valoriza-se muito mais os efeitos terapêuticos da retrocognição, às vezes buscados de modo superficial e imediatista, do que os resultados evolutivos, mais permanentes e profundos para a consciência.

A retrocognição, quando não patológica, apresenta benefícios inegáveis, mesmo em vários casos onde é obtida através da hetero-hipnose. Para entender melhor o amplo universo de efeitos positivos da retrocognição pode-se apresentar a seguinte classificação:

Benefícios Terapêuticos

Remissão ou alívio de enfermidades físicas – Muitos traumas e enfermidades físicas, emocionais e mentais do passado deixam marcas na paragenética. Esses retropensenes, discutidos anteriormente sob o nome de cicatrizes retropsíquicas, podem haver afetado ou estar afetando a constituição do presente soma. Se não forem superados agora, podem até mesmo vir a interferir com a estrutura do futuro corpo. Nosso corpo atual é fruto da combinação da genética, herdada de nossos pais, e de nossa paragenética, herdada de nós mesmos. O psicossoma, através das energias do energossoma, atua como molde ou matriz para formação do corpo físico (hipótese também conhecida como a do modelo organizador biológico ou do campo morfogenético). Desta forma, certos problemas de saúde podem manifestar-se desde o nascimento ou podem ir implantando-se pouco a pouco através dos anos, como resultado de falhas ou imperfeições daquele molde ou matriz. Várias pesquisas conduzidas por pesquisadores desta área, dentre eles Ian Stevenson, mostram casos em que o trauma de um ferimento de morte (omegapensene), na vida imediatamente anterior, repercutiu no novo corpo na forma de uma marca de nascimento. Como exemplo pode-se citar o caso de uma criança que morreu com um tiro na altura de um dos ouvidos e que renasceu com a respectiva orelha deformada; e também o do rapaz que morreu com a garganta cortada e que ressomou na atual vida com uma cicatriz no mesmo lugar. Em muitas ocasiões, a lembrança lúcida e equilibrada de certas memórias esvazia o excesso de carga energética de mnemopensenes (catarse) que estavam atuando de modo antibiológico, permitindo assim a cura ou atenuação de alguns problemas de saúde.

Superação de traumas e fobias – Da mesma forma que no item anterior, que se refere primariamente a problemas fisiológicos, a retrocognição pode, pelos mesmos mecanismos, resultar no alívio de descontroles ou descompensações emocionais. Na prática, dentre vários tipos de desvios psicológicos ou comportamentais, a área que tem sido mais explorada é a de superação de fobias. Ao recordar-se de um trauma do passado, a consciência pode retrabalhar aquelas memórias traumáticas (traumatopensenes), com a lucidez e o equilíbrio maior de hoje, integrando-as ao seu consciente. O que não é valorizado ou compreendido muitas vezes é o efeito anti-intrusão ou antiassédio de certas retrocognições. Nestes casos o alívio psicológico-emocional é principalmente resultante do afastamento de consciências extrafísicas que estavam presentes e atuantes, as quais fundamentavam seu acoplamento energético naquelas memórias semiconscientes.

Melhoria de relações interpessoais – Pode-se afirmar que todas as pessoas de nosso convívio mais diário (família, amigos, colegas de trabalho) são parte de nosso grupo evolutivo ou grupo cármico. A partir disto, baseado na lógica e na observação prática, vê-se que estas relações humanas foram iniciadas no passado e que cada uma delas traz uma herança energética ou holopensene específicos. Paixões, admirações e ódios não começaram hoje. Ao fazer-se lúcida de seu passado, se possuidora de um nível mínimo de maturidade, a consciência pode mudar a tendência de repetição mecânica dos erros das vivências anteriores (automimese). Pode ainda estabelecer estratégias e planos para sanear certas relações, inclusive com consciências que estão atualmente na condição extrafísica. Neste campo, as ferramentas básicas, *sem romantismo adolescente ou demagogia religiosa*, são o altruísmo, o discernimento, a compreensão e o perdão. *Não há outra saída.*

BENEFÍCIOS EVOLUTIVOS

Autoconhecimento multiexistencial – Com o tempo, acumulando e encaixando as peças de nosso quebra-cabeça multimilenar, vamos descobrindo nossa para-história e tornando-nos aptos a escrever nossa autobiografia multiexistencial e multidimensional, reconhecendo que somos hoje a expressão de nosso currículo multissecular ou resumo vivo de nosso passado. É essencial reconhecer nossos condicionamentos, ideias fixas, lavagens cerebrais, estruturas de crenças (*belief systems*), estigmas assediadores, desvios de ética e padrões de repressão da consciência, estabelecidos e cultivados desde tempos imemoriais. Por isso, pode-se considerar impossível um nível maior de autoconhecimento sem passar por retrocognições. Segundo a Conscienciologia, a retrocognição é algo inevitável ao longo da evolução da consciência.

Reciclagem intraconsciencial – Na prática, a maioria dos casos de recin é causada por crises (EQM, morte de ente querido e outros), porém pode ser resultado de um processo planejado de autoestudo que inclui, inevitavelmente, as retrocognições. Este autoconhecimento maior leva a consciência a desejar extirpar vários de seus trafares (traços negativos) fossilizados em sua estrutura holossomática. Se uma experiência de quase-morte (que para o estudioso da Conscienciologia é algo ainda elementar, na grande maioria dos casos) pode resultar nos níveis observados de mudanças de índole, caráter, comportamento, valores e princípios de vida, quanto mudaríamos com uma série de retrocognições sadias e profundas? O indivíduo lúcido sabe que não será capaz de mudar completamente em uma só vida e, por isso mesmo, começa a traçar os primeiros rascunhos de seus planos para a(s) próxima(s) vida(s).

Consciencioterapia – É fácil e imediato reconhecer problemas físicos, emocionais e de interrelacionamento humano. Mais sutil e incomum é reconhecer nossos desvios e falhas na estrutura do holossoma e na origem de nossos pensenes, na intimidade da consciência. A recuperação de certas memórias específicas pode apresentar, a longo prazo, efeitos mais profundos na estrutura do próprio mentalsoma, ou corpo do discernimento, produzindo curas conscienciais e predispondo a uma condição de maior homeostase holossomática.

Saneamento do grupocarma – Ao entender não só sua própria história multiexistencial, mas também a de seu grupo evolutivo, a consciência conquista os elementos básicos essenciais para sanear sua conta corrente grupocármica, aberta há muito tempo no *"Banco Holocármico"*. Estas lembranças podem ajudá-la a superar as fases iniciais do processo de policarmatização da consciência, principalmente os períodos de vitimização e reconciliação.

Conexão com a parte melhor do grupo evolutivo – Esta amplitude de entendimento de todo nosso grupo evolutivo e de seus elementos em particular, nos propicia, se desejado, um acoplamento maior com as consciências mais cosmoéticas e positivas, enquanto, ao mesmo tempo, superamos as dependências, assédios e fixações com indivíduos menos sãos deste grupo.

Auxílio para a recuperação da proéxis – Através de retrocognições de nosso último período intermissivo podemos recuperar a lucidez, mesmo que parcial, do que deveríamos estar fazendo aqui e agora (proéxis). Ao nos lembrarmos das vidas intrafísicas passadas, tornamo-nos conscientes do que não deveríamos estar fazendo nesta dimensão (ectopia).

Entendimento da presente seriéxis – Com a visão de conjunto adquirida com o tempo, através das rememorações de existências passadas e, principalmente, da última intermissão, é possível entender, profunda e serenamente, o ritmo de nossa corrente vida, seus porquês, como, onde, quando e "com quem".

Expansão do universalismo – Universalismo é a antítese de egocentrismo, sectarismo, machismo, feminismo, nacionalismo, regionalismo, bairrismo, racismo, paroquialismo, dogmatismo, egoísmo, corporativismo, fanatismo, discriminação, segregação e muitos outros conceitos semelhantes, os quais indicam a separação das consciências em grupos isolados ou privilégios de certos grupos. O universalismo vem a ser uma aquisição inevitável da consciência mais lúcida. Dentro deste contexto, pode-se entender claramente que muitos indivíduos ampliam seu nível de universalismo também por lembrarem de vidas passadas. Por exemplo: o caso da pessoa racista que lembra ter sido um elemento da minoria oprimida daquela cultura e época específica; ou o homem bastante machista que se recorda de ter sido uma mulher subjugada, com vários filhos, que trabalhava 18 horas por dia para manter a família e que, ainda assim, era agredida regularmente pelo marido.

Amadurecimento consciencial – Poderíamos afirmar que crescemos, evoluímos e amadurecemos, basicamente, através do somatório de experiências, as quais vão se tornando cada vez mais complexas, amplas e profundas ao longo das eras. Se aumentamos a quantidade, qualidade e originalidade das experiências, podemos evoluir mais rapidamente (abordagem da projeção consciente, por exemplo). O mesmo acontece quando recuperamos, retriamos, reanalisamos e revivemos as memórias do passado (experiências já vivenciadas e estocadas na holomemória) com o discernimento e acuidade maiores de hoje (abordagem da retrocognição).

16

FATORES DESENCADEANTES

*O mais poderoso fator desencadeante
de qualquer fenômeno parapsíquico
é a vontade decidida e constante.*

A partir do estudo de casos e do entendimento dos mecanismos da memória física, holomemória, energia consciencial, pensenes, holopensenes, acoplamento áurico, *rapport* e da estrutura e parafisiologia de cada um dos veículos do holossoma, pode-se enumerar vários fatores, naturais ou artificiais, que evocam ou facilitam as retrocognições, conforme abaixo listados:

IDADE

Sabe-se que existe uma predisposição natural de crianças a lembrar experiências de vidas passadas. Quanto mais tenra a idade, levando-se em conta os limites da capacidade de elaboração mental e de comunicação, mais fácil é a recordação. Na prática, observa-se que a maioria dos casos são de crianças de até aproximadamente 5 anos de idade.

Tal predisposição parece ser ainda maior no caso de ressomas consanguíneas (quando o indivíduo volta na mesma família ou árvore genealógica, às vezes, sendo, por exemplo, o bisneto dele mesmo).

Um dos pesquisadores que mais estudou esta forma de retrocognição infantil, ilustrada no filme francês *Manika*, foi Ian Stevenson, o qual publicou vários livros sobre o tema.

Tal predisposição infantil deve-se basicamente aos seguintes fatores:

1. As memórias de uma vida anterior (ou mesmo intermissão) são mais recentes.

2. Existem menos condicionamentos, pois o cérebro físico e a memória atual estão ainda bastante virgens.
3. Na condição de consciência recém-ressomada, o indivíduo tem laços menos rígidos com o soma, apresentando predisposição maior a vários fenômenos parapsíquicos.
4. Durante a fase do porão consciencial, quando existe uma alta taxa de recuperação de cons (razão de número de cons por unidade de tempo – exemplo: cons/mês), muitos mnemopensenes refluem.

EMOÇÕES

Certos traumas, crises ou estados emocionais mais intensos atuais podem evocar memórias de determinados eventos do passado, nos quais estava presente uma emoção semelhante à atual. Exemplo: se alguém sofre de fobia de cães, pode lembrar-se do evento que originou tal fobia quando se sente, hoje, ameaçado pela presença de um cão.

MÚSICAS

Basicamente pelo seu apelo afetivo-emocional, certas músicas, principalmente aquelas mais fiéis às características históricas ou folclóricas, evocam memórias antigas. Pela sintonia pensênica, podem também atrair consciências extrafísicas.

É importante frisar que algumas composições eruditas e muitas músicas populares são francamente negativas, podendo desencadear evocações patológicas.

FILMES DE ÉPOCA

Através da estimulação emocional e bissensorial (imagens e sons – incluindo-se aqui as músicas), que atuam diretamente em vários tipos de memórias ao mesmo tempo, evocando-as, alguns filmes históricos ou representativos de determinadas épocas, culturas passadas ou eventos históricos marcantes (Revolução Francesa, por exemplo) podem gerar refluxos de mnemopensenes e, portanto, retrocognições.

ODORES

No estudo da memória física, é bem conhecido o fato de que cheiros, aromas e perfumes são elementos evocadores de lembranças desta vida dos mais poderosos que existem, por atuarem mais diretamente no sistema límbico ou *cérebro reptiliano.*

Desta forma, a percepção de um determinado odor pode desencadear a evocação de mnemopensenes ressonantes com o mesmo, podendo desencadear uma retrocognição no indivíduo predisposto.

EQMs

Durante certas experiências de quase-morte podem ocorrer lembranças de vivências passadas devido ao somatório de fatores predisponentes, tais como: liberação temporária das limitações do soma; ocorrência da visão panorâmica; atuação de amparador extrafísico ou mesmo do orientador evolutivo; reciclagem existencial; trauma fisiológico; ou evocação do omegapensene de alguma vida passada devido à semelhança dos eventos.

HIPNAGOGIA

Durante o estado hipnagógico (estado alfa), a conscin predispõe-se mais profundamente às retrocognições, como resultado dos seguintes fatores: relaxamento físico e mental; desconexão com o aqui e agora; focalização da atenção; liberação de memórias; e descoincidência parcial do psicossoma com o consequente aumento da participação do paracérebro e paramemória.

Hipnose

Além da atuação dos mesmos fatores comuns na hipnagogia, a hipnose, quando exercida por uma outra pessoa sobre o hipnotizado (hetero-hipnose), inclui a ação catalisadora e direcionadora do próprio terapeuta e suas energias conscienciais, bem como, algumas vezes, a atuação de seus amparadores técnicos especializados (ver Capítulo 14).

Homeostase Energética

A instalação de EVs regulares de alta qualidade predispõe a uma condição de maior flexibilidade e desconexão das energias conscienciais do indivíduo, chamada soltura do energossoma. Esta condição, que pode ser eventual, temporária ou mais permanente, amplia as parapercepções da conscin e, dentre elas, a retrocognição. Neste caso, a ocorrência do fenômeno é facilitada devido ao fato de, através da estimulação do energossoma, haver sido aumentado o intercâmbio de informação (mnemopensenes) entre o paracérebro e sua contraparte física.

"Rapports" Energéticos

Também conhecido como acoplamento áurico, trata-se da conexão energética mais intensa com elementos externos à consciência, o que permite a leitura, captação, *scanning*, varredura, psicometria ou análise de pensenes e holopensenes extraconscienciais. Se os pensenes e holopensenes captados entram em ressonância com mnemopensenes (evocação de retropensenes intraconscienciais), ou seja, de memórias de eventos já vividos, pode-se relembrar dos eventos, imagens ou pessoas conectadas àquelas memórias.

Mais detalhadamente, pode-se enumerar os seguintes alvos de acoplamentos:

- Objetos (físicos e extrafísicos)
- Lugares (físicos e extrafísicos)
- Conscins (ou grupos de conscins)
- Consciexes (ou grupos de consciexes):
  - Assediadores
  - Guias cegos
  - Amparadores
  - Evoluciólogo (orientador evolutivo)

TENEPES

Por se tratar de uma prática diária com energias, visando à assistência mais policármica possível, a tenepes é um agente catalisador de retrocognições pelos mesmos benefícios já discutidos quanto ao EV, além de também predispor o praticante às lembranças, devido ao acoplamento energético maior com os amparadores ou mesmo com vários assediadores sob assistência (muitos deles velhos conhecidos do passado).

É de se esperar que, na maioria dos casos, os amparadores esperem pela conclusão do período crítico, normalmente ao redor de 6 meses, para liberar tais lembranças.

VIAGENS

Ao sair de seu mundinho cotidiano, árido em termos de novas experiências, a consciência aumenta a quantidade e diversifica a qualidade dos estímulos ou *inputs* recebidos. No caso de viagens, esta estimulação é multissensorial, holossomática e multidimensional. Somam-se aí os efeitos já discutidos das evocações sensoriais e dos *rapports* energéticos.

Se uma conscin volta a um lugar onde já viveu antes, reencontra seus amigos de muitos séculos, mesmo que tudo isso não seja muito claro e consciente a princípio, esses reencontros poderão desencadear memórias antigas relativas àquelas mesmas vivências.

Tal condição apresenta-se ainda mais rica e profunda no caso de itinerâncias visando à tares (tarefa do esclarecimento, pedagogia conscienciológica), devido à sinergia dos seguintes fatores da assistência prestada: acoplamento com alunos, monitoria maior dos amparadores, intensificação do parapsiquismo e projeções conscientes.

AUTOANÁLISE

Enquanto os itens anteriores referiam-se mais a abordagens exteriores (extraconscienciais), nesta abordagem enfatiza-se a decisão da consciência de explorar profundamente seu próprio íntimo.

Ao realizar um estudo mais sério, sistematizado, criterioso, maduro, multidimensional e multimilenar de si mesmo, o indivíduo irá, inevitavelmente, tocar ou fazer aflorar vários dados quanto ao seu passado, inclusive como uma forma de *rapport intraconsciencial.* Este holopensene pode desencadear também sincronicidades favoráveis à pesquisa retrocognitiva.

Ao decidir-se por tal empreitada, a conscin aumenta seu mérito, por demonstrar aos seus amparadores ter amadurecido e despertado para a importância de sua autoevolução, o que, em geral, possibilita e os estimula a patrocinarem retrocognições.

Dentro do espectro de experiências deste autor, o melhor exemplo deste tipo específico de abordagem é o curso de Extensão em Projeciologia e Conscienciologia I (ECP1), ministrado regularmente pelo IIPC - Instituto Internacional de Projeciologia e Conscienciologia.

17

OTIMIZAÇÕES

Para a obtenção de retrocognições,
o ideal, mais eficiente e eficaz, é utilizar em
conjunto várias técnicas e fatores
predisponentes, trabalhando em paralelo,
em várias frentes ao mesmo tempo.

Valendo-se do exposto nos últimos capítulos, o leitor interessado em seu autoconhecimento poderá estabelecer um plano de curto, médio e longo prazo visando à obtenção de autorretrocognições sadias, sem perder a visão de conjunto do porquê deste esforço e do papel destas memórias em seu momento evolutivo.

Os pontos abordados a seguir aumentam a predisposição do indivíduo aos refluxos de memórias e podem gerar os episódios de retrocognições, agindo como verdadeiras técnicas retrocognitivas.

Visando à didática na apresentação de instruções práticas, utiliza-se aqui uma linguagem mais imperativa. Contudo, esta não objetiva ser impositiva ou subliminarmente condicionante (hipnose).

Para sua execução em alto nível, vale muito o uso de caneta, papel, biblioteca, videocassete, computador, *modem* e conexão com a Internet, e outros artefatos do saber.

Memória Física

A regra de ouro neste quesito é: *conquiste e domine a memória intrafísica para poder passar para a holomemória.*

Para isso, vale a pena investir nos seguintes pontos:

1. Cuide de sua memória física e amplie-a através de seu uso regular.

2. Estude e pratique técnicas de melhoria de memória (mnemotécnica) e depois vá além delas.
3. Evite estresse, falta de sono, dormir em excesso, surtos emocionais, alimentação intoxicante, drogas criminalizadas, medicamentos (quando possível), colesterol e gorduras saturadas, má respiração e vida sedentária.
4. Lute contra a *monotonia experiencial.*
5. Evite o padrão de vida instável e sem ritmo ou disciplina.
6. Com muito critério, cuidado e acompanhamento técnico competente, use complementos nutricionais que possam melhorar *o seu* rendimento cerebral.

EV e Equilíbrio Energético

Aprenda tudo que possa sobre bioenergia e suas manifestações. Entenda que vivemos imersos em um oceano de energias em vários graus de densificação e que esta energia vital é o alicerce da vida neste universo. Poder controlá-la e percebê-la é estar mais apto a viver e atuar aqui, nesta dimensão, bem como em outras mais sutis (ver Capítulo 5).

Verifique e mantenha sua autodefesa energética instalando estados vibracionais (EVs) regulares (por exemplo 20 por dia). Atue sempre com pensenes cosmoéticos e assistenciais.

Deve ser enfatizado que a alavanca consciencial mais importante para executar-se estas técnicas é a *vontade.* Esqueça imaginação, visualizações, rituais, amuletos e outros recursos semelhantes quando for trabalhar com suas energias. Como exemplo, note que para você fechar sua mão (atuação da consciência sobre o soma), não é necessário nada mais que sua vontade. Desta forma, encare seu treinamento com as energias de modo igualmente natural, pois, você, enquanto consciência, estará atuando sobre um de seus corpos: o energossoma.

No início, quando ainda não se tem muita experiência, necessita-se de certo nível de relaxamento físico e mental, um local tranquilo que permita certa privacidade e de um certo período de tempo. Porém, com o decorrer de seu desenvolvimento, o *controle e a sensibilidade* quanto às bioenergias vão se tornando uma segunda natureza para você. Torna-se possível operar sobre as energias enquanto se caminha, movimenta ou conversa; sob o sol ou a água; e mesmo em qualquer estado de humor ou saúde. Torna-se possível executar as técnicas de maneira eficiente, rápida e imperceptível para os demais.

Definir as sensações das energias é quase impossível. É como tentar explicar, em palavras, uma cor, odor ou sabor: usam-se analogias com outras experiências sensoriais já vivenciadas. Desta forma, as mais comuns sensações ao se trabalhar com as energias são: arrepios, aumento ou queda de temperatura, calafrio, corrente elétrica, eletricidade estática, entorpecimento, formigamento, leveza, pressão em certos pontos do corpo (chacras), pulsação, tontura, vibração e muitos outros. Portanto, ao desenvolver o domínio sobre suas energias, procure ficar bastante lúcido e atento a estas ocorrências, permanentemente memorizando-as, registrando-as e analisando-as para descobrir seus padrões, causas e efeitos, até que possa reconhecer sua *sinalética energética*.

Todas as aplicações, manipulações e mobilizações de energia, no que se refere a aspectos quantitativos, podem ser reduzidas a três operações ou técnicas básicas: 1. absorção; 2. exteriorização; 3. mobilização fechada.

No contexto deste livro e suas abordagens, interessa principalmente a última. Esta técnica, a menos fácil das três, tem por objetivo instalar o *estado vibracional* (EV).

A técnica é desenvolvida da seguinte forma:

1. Permanecendo preferencialmente com o corpo retilíneo (deitado ou em pé) procure – sempre sentindo suas energias – levá-las através de sua vontade decidida, dos

pés até a cabeça, criando uma onda de energias mais intensas que se move ao longo de seu corpo.

2. Assim que a onda, permanentemente sob o comando férreo de sua vontade, chegar à sua cabeça, inverta o fluxo de imediato, deslocando-o para baixo, até os pés, sempre percorrendo com atenção todo o percurso. Quando a onda chegar aos pés inverta o sentido do deslocamento novamente.

3. Mantenha este movimento cíclico e repetitivo, com a onda permanentemente subindo e descendo em movimento contínuo, sem saltos.

4. Enquanto move a onda de energias, procure rastrear todo seu percurso, detectando bloqueios, que quase sempre mostram-se como regiões energeticamente "mortas" ou resistentes ao fluxo.

5. Evite sempre qualquer recurso de imaginação ou visualização e procure atingir um regime estável e nítido, procurando então, pouco a pouco, ir acelerando a velocidade do movimento. É comum, ao acelerar, perder-se o ritmo ou cadência. Neste caso reinicie todo o processo, quantas vezes for necessário.

6. Quando você conseguir acelerar a onda e aumentar o volume de energias, começará a sentir surtos de vibrações pelo corpo, de início muito efêmeros, que, porém, pouco a pouco, instalar-se-ão de forma mais permanente, abrangente e intensa. Neste ponto, você sentirá o corpo como se fosse um gerador vibrando e zumbindo com correntes elétricas de milhares de volts e como se todas as células, moléculas e átomos de seu soma estivessem em um frenesi vitalizante.

É necessário ressaltar que normalmente leva-se um bom tempo até atingir estados vibracionais plenos, intensos, a qualquer hora, em qualquer lugar, independentemente de qualquer outro fator (interno ou externo) que não seja a vontade decidida.

Lembre-se de que, antes de mais nada, este é um exercício – e também um teste – de força de vontade, autossuperação, motivação e disciplina (palavras estas um tanto mal vistas e em desuso nesta fase do politicamente correto e de infantilização da sociedade).

MANUTENÇÃO DO EQUILÍBRIO EMOCIONAL

A serenidade emocional (não repressiva) aumenta a ação do mentalsoma e da holomemória, facilitando a recuperação ou evocação de lembranças. É útil lembrar que altas concentrações de adrenalina durante longo tempo causa hipomnésia.

Verifique se é um viciado em emoções e deixe de estimulá-las. Determine-se a manter seu equilíbrio emocional (desafio máximo nesta nossa fase evolutiva).

São instrumentos imprescindíveis neste campo:

1. Discernimento
2. Disciplina
3. Controle energético
4. Afetividade e sexualidade sadias e atuantes

Um outro exemplo de recurso prático, que fornece um referencial ou meta mais visível, é um quadro de acompanhamento. Da mesma forma que as grandes companhias e indústrias mantêm um quadro de controle de número de dias sem acidentes de trabalho (geralmente mantido pelas CIPAs – Comissões Internas de Prevenção de Acidentes), mantenha um pequeno cartaz, lousa ou quadro apagável, em que você possa acompanhar e visualizar a contagem de quantos dias consecutivos você pôde viver sem grandes sobressaltos ou descontroles emocionais (positivos ou negativos), sendo entretanto fraterno, compreensivo, afetuoso e generoso, mantendo seu nível de afinidade com as conscins de sua convivência. Atualize diariamente este quadro e zere a contagem a cada evento de surto emocional. Esforce-se para bater seu *record.*

ESTUDO DETALHADO DO GRUPO EVOLUTIVO

Pesquise sua primeira família (nuclear), sucessivas famílias, círculos de amizades, contatos sociais e grupos de trabalho, atuais e anteriores. Liste nomes de pessoas-chave desta sua seriéxis, estabeleça as características comuns, básicas (holopensene) de seu grupo evolutivo.

Sem limitar-se somente aos pontos sugeridos abaixo, analise as características gerais, denominadores comuns, ou holopensene de seu grupo evolutivo:

1. assistencial ou fechado em suas ligações mafiosas;
2. consciente da multidimensionalidade ou materialista;
3. culto ou intelectualmente medíocre;
4. de paranormais ou de trancados;
5. expandindo-se ou definhando;
6. mais universalista ou limitado a uma região, cultura e religião;
7. numeroso ou pequeno;
8. progressista ou retrógrado.
9. relacionado à ciência, indústria, comércio, arte, religião ou militarismo;

Estude as características básicas dos dois ramos de sua árvore genealógica (de pai e de mãe). Qual predomina geneticamente e mesologicamente sobre você? *Você chega a ser um mutante dentro de sua árvore genealógica?*

Culmine todo este estudo fazendo a respectiva relação e associação com as consciências extrafísicas (amparadores, guias cegos e assediadores) que você costuma encontrar fora do corpo, perceber durante a vigília física ou comunicar-se durante sessões parapsíquicas, agora ou mesmo no passado.

QUADRO DE TRAFORES E TRAFARES

Há que manter sempre em mente que somos hoje, basicamente, o resultado de nosso passado. Traf**o**res (traços-força – qualidades, talentos, inteligências, capacidades, genialidades) e traf**a**res (traços-fardo – defeitos, limitações, incapacidades, pontos cegos) foram implantados, cultivados ou reforçados ao longo de eras.

A análise técnica, lógica e isenta, de um quadro de trafores e trafares (radiografia da consciência) pode dar pistas bastante plausíveis de nossa para-história e de nossa proéxis atual, a qual foi planejada para se valer de nossos trafores e também para nos ajudar a superar nossos trafares.

1. Autoanalise-se e trabalhe para compilar sua lista de trafores e trafares.
2. Enriqueça-a com a opinião de familiares, amigos, inimigos, colegas de trabalho e de evolução. Faça um intensivo estudo de referências-cruzadas, similaridades e singularidades destas listas para proceder às devidas inclusões ou exclusões.
3. Insira na mesma, após passá-la pelo seu crivo, todas as apreciações técnicas já feitas sobre você, tais como testes de QI, exames psicotécnicos, análises psicológicas e testes vocacionais.
4. Consulte dicionários e tesauros (dicionários analógicos, de sinônimos, de ideias afins) para sempre usar a melhor expressão para cada trafor e trafar.

5. Use sua memória, discernimento, honestidade e profundidade de auto-observação para fazer sucessivas versões e revisões de seu quadro de trafores e trafares.
6. Determine quais são seus megatrafor e megatrafar.

BIOGRAFIA CONSCIENCIAL

Não é necessário esperar pela 3ª idade para começar a escrever nossas memórias ou autobiografia, principalmente quando se está interessado no autoconhecimento.

Baseado no infeliz fato de haver uma forte tendência da consciência de repetir o passado, o estudo da presente seriéxis lhe fornecerá mais pistas para desencadear os refluxos de retropensenes e, também, para contribuir com a técnica do estudo das personalidades afins (ver Capítulo 18).

1. Comece a registrar os fatos e episódios mais marcantes desta sua corrente vida, listando-os em ordem cronológica. Não se preocupe por enquanto com a redação literária. Use tópicos ou frases bem curtas. Com isto você terá a linha cronológica ou espinha dorsal de sua autobiografia.
2. Acumule cada vez mais seus dados biográficos, enfatizando os seus *quandos, comos, porquês* e *com quem*, inserindo-os corretamente na linha cronológica.
3. Gradualmente detalhe mais os dados já existentes, prestando atenção aos eventos que vão sendo lembrados como parte natural da associação de memórias.
4. Liste tudo que sua vida lhe brindou ou ofereceu em termos de oportunidades, sincronicidades e *mordomias evolutivas*, principalmente se as mesmas foram incomuns em sua comunidade, época, ou grupo evolutivo. A análise desta lista lhe dará mais dados para a descoberta de sua presente proéxis.

5. Aproveite para marcar quais decisões, escolhas e ações foram produtivas para sua evolução e dos demais e que poderiam inspirar abordagens semelhantes em sua próxima vida. Seriam algumas delas repetições de existências anteriores?

6. Marque também quais foram improdutivas, ou negativas, e dificultaram sua evolução, de seu grupo evolutivo ou da humanidade, e que você não gostaria de repetir na próxima vida. Poderiam estas ser reprises dos erros cometidos no passado, como parte da automimese indesejável? Leia e reveja esta lista várias vezes, saturando-se ao máximo, sem obcecações negativas, para gravar fortemente seus tópicos na sua holomemória e lembrá-los em sua próxima seriéxis para não repeti-los, iniciando assim a técnica do preparo da próxima vida.

AUTODESCRIÇÃO

Além de pontos maduros e imaturos, existe uma série de outras características que às vezes transcendem à dicotomia bom ou mau, não podendo ser classificadas como trafores nem trafares, e que, contudo, são importantes indícios de nosso passado, devendo, portanto, ser reconhecidos e registrados. Analise-se e liste, entre outros, seus (suas):

1. acidentes;
2. características genéticas;
3. doenças, problemas de saúde, e suas causas;
4. esportes preferidos;
5. estilo pessoal;
6. fobias;
7. gostos;
8. *hobbies;*

9. idiomas falados ou apreciados;
10. órgãos de choque (*locus minoris resistenciae; calcanhar de Aquiles* – órgãos, sistemas ou regiões do soma, mais frágeis ou susceptíveis a enfermidades, específicos de cada pessoa);
11. padrões da paragenética;
12. padrões de bloqueios energéticos;
13. predisposições a *rapport* com certas pessoas ou situações;
14. princípios pessoais;
15. rejeições ou intolerâncias;
16. sonhos e/ou pesadelos recorrentes;
17. tendências;
18. tipo físico;
19. tipos de amizades;
20. traumas;
21. valores de vida.

MATURIDADE

Pelos motivos discutidos anteriormente (ver Capítulo 12) invista no desenvolvimento de seu nível de maturidade consciencial e na abrangência de seu universalismo, utilizando-se de todos os recursos cosmoéticos que estejam ao seu alcance. Para este fim, a Conscienciologia propõe várias teáticas além das discutidas neste livro.

18

PROCEDIMENTOS TÉCNICOS

A retrocognição não é panaceia universal. A única panaceia é a evolução, a qual só é obtida passo a passo, através do esforço e lucidez pessoais, e somente pode ser acelerada com muito trabalho.

Dentro da abordagem conscienciológica de autonomia consciencial, visa-se ao aprendizado, à aquisição e ao desenvolvimento de novas capacidades evolutivas, superando a necessidade de depender de outros para obtenção de avanços que, em última análise, são de nossa própria responsabilidade.

Neste espírito, a seguir são apresentadas, após as premissas gerais, algumas técnicas para obtenção de autorretrocognições.

Premissas:

1. Tais técnicas não deveriam ser aplicadas sem o entendimento dos tópicos abordados até aqui.
2. Para aumentar a eficácia de sua autopesquisa, sugere-se a aplicação de mais de uma técnica (ou todas) ao mesmo tempo, em paralelo.
3. Como em qualquer outra técnica de desenvolvimento ou pesquisa da consciência, não anseie por resultados completos da primeira vez que a pratica. De qualquer forma, a melhor maneira de obter retrocognições, assim como projeções conscientes, é tentando.
4. Em vez de lamentar o que faltou obter, valorize e explore ao máximo os resultados que for alcançando.
5. Mantenha registros atualizados e completos de tudo o que perceber, lembrar ou entender (diário retrocognitivo).

6. Esteja sempre alerta para sua sinalética energética, de modo a estar consciente de toda e qualquer mudança em sua psicosfera, seja para melhor ou para pior.

7. Anteceda seu período de explorações retrocognitivas com, pelo menos, um mês de estados vibracionais diários (20 vezes por dia).

Você poderá encontrar mais informação sobre os procedimentos técnicos visando à obtenção do estado vibracional; projeção consciente pelo psicossoma; e projeção pelo mentalsoma, nos livros "Projeciologia" e "700 Experimentos da Conscienciologia" de Waldo Vieira (ver Bibliografia).

ESTUDO DE PERSONALIDADES AFINS

Esta técnica parte da hipótese de que você, leitor, possa ter sido registrado pela história em alguma de suas vidas anteriores, ou que isto possa ter ocorrido com algum elemento de seu grupo cármico com características bastante afins a você e holopensene muito semelhante ao seu.

Durante o desenvolvimento desta pesquisa podem ocorrer sincronicidades e retrocognições devido à estimulação de sua holomemória e/ou à sintonia de seu holopensene com o da personalidade em questão.

1. A partir das pistas obtidas com as análises propostas nos capítulos 16 e 17, procure nas enciclopédias, na história de sua família e em outras fontes, figuras históricas que tenham alguma semelhança com você, suas características e perfil de vida. Não se limite a personalidades famosas.

2. Leve em conta principalmente se você admira ou se interessa especialmente por alguma(s) pessoa(s) que já tenha(m) dessomado ou figura(s) histórica(s), muitas vezes desde sua infância ou juventude.

3. De posse desta pequena lista de nomes, escolha aquela personalidade que lhe pareça mais afim, para começar.

4. Inicie uma vasta pesquisa histórica, utilizando-se de todas as fontes biográficas possíveis quanto a tal personalidade (livros, revistas, jornais, museus, Internet, entrevistas e outros meios).

Liste os trafores e trafares daquela personalidade e anote os principais eventos marcantes daquela vida, prestando atenção aos detalhes.

Comparando com sua pessoa, busque e liste igualdades, similaridades, coincidências e sincronicidades.

De maneira análoga, construa uma lista de fatores radicalmente diferentes ou excludentes quanto à sua própria personalidade.

Compare as igualdades e exclusões e, de acordo com o resultado, deduza a probabilidade de você ter sido tal figura histórica ou alguém próximo a ela.

Faça o mesmo com os demais nomes de sua lista.

Além do resultado da comparação, utilize-se de todas as fotografias, livros, cartas, testemunhos e informações obtidas durante esta pesquisa para estabelecer *rapport* com tal personalidade, e também para servirem como pistas para procedimentos posteriores, inclusive para a construção de seu *retrocognitarium.*

É essencial estar lúcido para o fato de que a certeza de uma determinada vida no passado só pode ser assumida através de autênticas retrocognições sadias (10 retrocognições sadias = 1 certeza), mesmo que o resultado da análise de personalidade afim, aqui proposta, seja muito encorajador.

AUTO-HIPNOSE RETROCOGNITIVA

A técnica a seguir pode ser usada mesmo que você não tenha nenhuma pista sobre seu passado. Contudo, será mais efetiva caso possa partir de algum ponto inicial.

1. Prepare antecipadamente sua rotina para estar despreocupado quanto ao tempo e seus compromissos.
2. Esteja descansado e dormido para evitar adormecer durante o experimento.
3. Isole-se em um ambiente em que possa estar confortável e despreocupado quanto a interferências.
4. Trabalhe com suas energias e instale o estado vibracional. Avalie seus pensenes e condição holossomática. Somente siga em frente caso esteja bem. Se estiver indisposto, deprimido ou irritado, mesmo após o EV, deixe o experimento para outro dia.
5. Exteriorize o máximo de energias que possa e sintonize-se com seus amparadores, *sem dar passividade.*
6. Assuma uma posição confortável, deitado ou sentado em uma cadeira reclinável, feche os olhos e aplique alguma técnica de relaxamento.
7. Esqueça sua vida atual e desligue-se de seus planos para o futuro. Deixe o estado hipnagógico instalar-se.
8. Imagine uma escada ao nível do solo, como se descesse para o porão. Veja-se caminhando em direção à escada e desça cada um dos 20 degraus.
9. Associe uma contagem regressiva (30 a zero, por exemplo) ao seus passos ao descer pela escada: um número a cada passo ou degrau. A cada degrau/contagem, induza-se e sugira a você mesmo que está entrando nos seus arquivos do passado. A cada passo você diz a você mesmo que se aproxima de seu passado e que pode senti-lo cada vez mais próximo. Conte devagar, dando tempo para que a indução tenha efeito, e reforce-a usando diferentes palavras e abordagens, sempre com o mesmo tema e objetivo.

10. Ao chegar ao degrau zero – o piso – veja um corredor muito longo com várias portas de cada lado. Sugestione-se que cada uma delas leva a uma existência passada específica, física ou extrafísica. Observe o corredor por algum tempo e reflita sobre isto.

11. Tente usar sua intuição para escolher uma determinada porta que pareça ser a mais produtiva no seu caso. Caminhe até ela e a abra devagar, passando para dentro daquele respectivo passado/sala, sem receio ou apriorismos.

12. Deixe-se levar pelo enredo e cenas (ou *flashes* aparentemente desconexos) que aparecerem. Seja um observador que não interfere e não julga.

13. Durante todo o tempo preste atenção a imagens e intuições que possam aparecer. Siga-as, deixando que venham e aconteçam sem sua intervenção direta. Não analise, compare ou critique o que lhe chega, senão poderá bloquear o processo. Deixe para analisar e anotar depois. Simplesmente assista ao que acontece.

14. Continue até sentir que deve parar e voltar para o aqui e agora físico.

15. Quando sentir seu corpo novamente, respire fundo e repasse tudo o que foi percebido.

16. Recupere suavemente seu controle sobre o corpo físico, levante-se e registre tudo o que viu, sentiu ou percebeu, mesmo que, nas primeiras tentativas, não pareça ser claro, coerente ou digno de nota. Registre sempre.

17. Repita o mesmo procedimento com certa frequência, inclusive trocando de portas, até obter resultados.

18. Se quiser enriquecer a técnica, use um gravador para registrar e, posteriormente, reproduzir mensagens ou induções relativas à retrocognição que quer obter. Caso tenha algum ponto de partida (cultura, época específica

ou retrocognição prévia) use-o para tornar as induções mais precisas. Cuide para que o mecanismo de *auto-stop* do aparelho não o desperte sobressaltado.

Retrocognitarium

Preparação:

1. Escolha um aposento da sua casa que possa ser totalmente modificado.
2. Esvazie completamente esse ambiente, retirando todos os móveis, quadros e demais objetos, até que nada dentro dele o faça lembrar da época atual.
3. Baseado em alguma suspeita, pista ou hipótese de alguma vida passada em determinada época ou cultura, decore seu ambiente com objetos representativos daquela mesma cultura ou época. De preferência utilize objetos antigos autênticos, que pertenceram àquela época. Se possível, insira móveis, quadros, objetos de decoração, livros e tudo o mais que possa conseguir. Na impossibilidade de obter objetos autênticos, utilize reproduções. O objetivo é criar um ambiente que simule tão perfeitamente quanto possível (inclusive energeticamente) o meio em que você possa ter vivido em uma vida anterior.
4. Observe, com todo critério, utilizando suas parapercepções, a positividade energética dos objetos que escolhe para integrar ao seu *retrocognitarium.* A maioria dos objetos antigos trazem cargas holopensênicas negativas, muitas vezes desencadeando acoplamentos e evocações de consciexes menos positivas. Por exemplo: jamais coloque armas em seu *retrocognitarium.*

5. Regularmente, mesmo antes de haver completado a construção do seu *retrocognitarium*, faça ali suas sessões de estudos e de autorretrocognição.

Execução:

1. Sempre comece instalando o estado vibracional profilático.
2. Leia algo ou veja um filme sobre aquela determinada época.
3. Olhe, estude e toque os objetos representantes do passado, fazendo sua leitura psicométrica.
4. Exteriorize energias para todo o ambiente, estabelecendo um acoplamento áurico com aqueles objetos e seus respectivos holopensenes deixando-se saturar pelo retrocognitarium e sua atmosfera.
5. Escute música relativa àquela época durante algum tempo. Desligue-a antes de continuar com as fases seguintes.
6. Então, deite-se, feche os olhos e relaxe. Sem receio, expectativa, ou ansiedade deixe que a energia do ambiente penetre em você.
7. Preste atenção às imagens que pouco a pouco vêm com a hipnagogia. Simplesmente acompanhe-as sem crítica ou racionalização. Seja um espectador e deixe que as mesmas cresçam em intensidade e precisão. Assista à estória que pode se desenrolar.
8. Caso haja dormido durante o exercício, tente lembrar-se de sonhos ou mesmo projeções que possam ter ocorrido, tomando nota sempre de todas suas percepções e vivências.
9. Se possível, tente técnicas projetivas com a finalidade de obter retroprojeções.

10. Repita este exercício regularmente, já que os resultados irão melhorando com a prática e com a maior imersão no holopensene daquela determinada época e cultura evocados pelo seu *retrocognitarium*.

Projeções Conscientes

1. Estude tudo que puder sobre a projeção consciente, seus mecanismos, otimizações, técnicas, fases, sensações, benefícios e cuidados.
2. Escolha uma técnica que possa ser a mais produtiva no seu caso pessoal.
3. Aplique a técnica diariamente, se possível no mesmo lugar e horário. O ideal seria executá-la dentro do *retrocognitarium*.
4. Em paralelo à execução da técnica escolhida, no seu dia-a-dia, use a técnica da saturação mental, ou seja, sature seus pensamentos e memória com a ideia de lembrar-se de uma determinada vida anterior. Se você possui algumas pistas ou suposições relativas a uma época e cultura específicas, sature-se com informação sobre elas.
5. Priorize, neste caso, a obtenção de retrocognições do seu último período intermissivo. Pense profundamente em seu curso intermissivo e sua proéxis. Procure despertar em si a sensação de estar em sua procedência extrafísica. Evoque os melhores pensenes que possa sobre a multidimensionalidade, desligando-se dos condicionamentos da vida física.
6. Junto com a saturação mental, estabeleça algum alvo projetivo para direcionar a sua experiência fora do corpo. Alguns exemplos de alvos são:
   - **Amparadores e Evoluciólogo:** planeje encontros e entrevistas com estas consciências mais evoluí-

das de seu grupo cármico, as quais podem dar-lhe certas informações para contribuir com sua autopesquisa.

- **Procedência Extrafísica:** estabeleça a meta de sair do corpo e ir até a sua colônia extrafísica de origem, ou seja, a comunidade extrafísica onde você passou a maior ou melhor parte do seu último período intermissivo. Tenha como objetivo revisitar os lugares extrafísicos onde você assistiu ao curso intermissivo, de modo a, estando lá, lembrar-se do que estudou e para quê se preparou.

PROJEÇÃO DE MENTALSOMA

Após adquirir experiência e certo traquejo com o domínio das bioenergias e a geração de projeções conscientes através do psicossoma, invista seu tempo na obtenção de projeções através do mentalsoma para chegar à cosmoconsciência (ver Capítulo 11).

Seção III: Tempo e Evolução

19

SIMULCOGNIÇÃO

O único tempo real é o presente, porque é quando se pode aplicar o livre arbítrio, decisão e ação.

BASES

Após estas análises sobre o passado e as diversas formas de percebê-lo – dentro do objetivo deste livro de discutir a relação da consciência com o tempo, visando ao amadurecimento do indivíduo e aceleração de sua evolução – é necessário completar o quadro geral de estudo discutindo também a percepção do presente (simulcognição) e, mais adiante, a do futuro (precognição).

Usualmente define-se simulcognição como sendo qualquer forma de sensoreamento parapsíquico ou paranormal que permite à consciência captar ou fazer-se lúcida de fatos ou situações que estejam acontecendo no momento da percepção (simultaneidade), porém fora do alcance de suas percepções intrafísicas convencionais, seja devido à distância ou diferença dimensional. Nesta acepção, a forma mais conhecida é a clarividência viajora ou visão remota, na qual o indivíduo pode ver ou perceber fatos que estejam acontecendo em algum ponto distante, ou fora de seu alcance normal.

No entanto, de modo mais geral e completo, sob os critérios da Conscienciologia, a simulcognição pode ser definida como a capacidade da consciência de estar lúcida integralmente quanto ao momento multidimensional presente, ou seja, engloba a percepção de eventos físicos distantes, a captação de eventos extrafísicos concomitantes à percepção em questão, e também a vivência plena do mero momento presente físico (aqui-e-agora), o qual também escapa à maioria das pessoas.

A simulcognição ideal é a do continuísmo da hiperacuidade do mais alto nível.

HIPERACUIDADE

Para a consciência expandida, o passado e o futuro são ilusões. O primeiro existe somente como efeito de nossa memória pessoal e grupal, ou pela observação dos efeitos deixados por eventos naturais ocorridos (memória da natureza – fósseis, formação geológica e muitos outros). O segundo é um conjunto de probabilidades que mudam, se reforçam ou se cancelam, de acordo com cada evento do presente.

O único tempo real é o presente, porque é quando se pode aplicar o livre arbítrio, decisão e ação. Sendo assim, a lucidez, em seu maior grau possível quanto ao momento presente (simulcognição), é ainda mais prioritária que a lucidez quanto ao passado (retrocognição) ou quanto ao futuro (precognição).

Esta lucidez em alto nível, ampla, profunda, intensa, penetrante, acurada, multidimensional, contínua e estável é chamada, de forma mais técnica e precisa, de hiperacuidade multidimensional. Para desenvolver esta autoconscientização multidimensional é necessário investir também na maior lucidez possível, estável e contínua, do aqui-agora intrafísico.

A maioria dos seres humanos vive com lucidez míope, atuando como sonâmbulos ou zumbis – distraídos, saltuários e completamente desconectados da realidade multidimensional. Durante os afazeres diários, oscilam entre a percepção interna de si mesmos e a do exterior, geralmente sem atingir a profundidade necessária em nenhuma delas. Várias ações são automáticas, condicionadas ou mecanizadas, de tal forma que é muito comum, por exemplo, alguém sair de casa e depois não se lembrar se trancou a porta ou desligou o ferro de passar roupa. Muita gente esquece o que estava falando no meio da conversa, ou vai buscar algo em outro ponto da casa e se dá conta de que não sabe mais o que foi procurar.

Para que se entenda como nossa hiperacuidade multidimensional geralmente é limitada, pode-se propor um pequeno *check-up* a ser realizado neste mesmo instante, enquanto você lê este livro.

Neste exato momento, pode você:

1. Sentir suas próprias energias?
2. Discriminar as energias de seu ambiente?
3. Ver a dimener ou dimensão energética?
4. Captar ou visualizar as dimensões extrafísicas que coexistem com seu ambiente ou redondezas? Quantas?
5. Perceber se há amparadores por perto, quantos são, quem são e o que estão fazendo?
6. De maneira análoga, verificar se há assediadores no seu ambiente?
7. Saber qual é sua proéxis?
8. Lembrar-se do essencial de suas seriéxis passadas?
9. Recuperar as informações que aprendeu no curso intermissivo?
10. Ter ideia geral do que já existe delineado para sua próxima vida?

A meta ideal de hiperacuidade a ser alcançada é aquela correspondente à alta lucidez em todos os 10 pontos anteriores. Para atingir este objetivo, existem muitas abordagens, mutuamente complementares, propostas pela Conscienciologia e Projeciologia. Porém, antes de mais nada, é imprescindível *querer* alcançar tal objetivo.

Para a melhoria da hiperacuidade, pode-se enumerar, de forma resumida e prática, as seguintes abordagens (algumas delas já citadas no decorrer deste livro):

Treinamento da atenção, concentração e poder de observação.

1. Domínio de suas bioenergias.
2. Autodefesa energética preventiva e corretiva para evitar assédios.
3. Cuidado com o corpo, principalmente em tudo que se refira ao sistema nervoso central.
4. Bons hábitos, organização e estabilidade de vida (afetiva, sexual e econômica).
5. Expansão do nível de cultura multidisciplinar e teática.
6. Esforço para a manutenção do equilíbrio emocional.
7. Treinamento das parapercepções.
8. Prática da projetabilidade lúcida.
9. Desenvolvimento do mentalsoma e suas capacidades.
10. Estreitamento dos laços com os amparadores através da máxima autoincorruptibilidade possível e do exercício da assistência com a predominância da tarefa do esclarecimento.

Continuísmo

Todos podem ter certos momentos de alta hiperacuidade, mas estes normalmente são espontâneos e fugidios. Em muitos casos, estes *arranques* de maior lucidez podem ser causados por diferentes classes de fatores, tais como: presença de um amparador; crise de vida; trauma físico; iminência de morte; ou, até mesmo, em alguns poucos casos, drogas.

O desafio maior é ter um alto nível de hiperacuidade de forma constante, equalizada, sem mudanças abruptas ou soluções de continuidade. A meta é a produção de um fluxo ininterrupto de pensenes na forma de uma sucessão coerente, cadeia contínua, sequência lógica, corrente estável, e com encadeamento flexível, porém resistente.

Na prática, contudo, o que se observa é justamente o oposto. A linearidade ou constância de nossa lucidez sofre frequentes quebras e falhas. Perdemos o continuísmo da hiperacuidade ao dormir, emocionar-nos, mudar de dimensão, dessomar, ressomar e transmigrar.

O exercício da hiperacuidade com continuísmo em uma determinada dimensão, inclusive a intrafísica, irá facilitar a manifestação de igual nível de lucidez em qualquer outra. Com o tempo, aparecem as projeções de consciência contínua, as noites de consciência contínua até, um dia, chegar-se ao estado da consciência contínua.

20

VIDA ATUAL X VIDAS ANTERIORES

Neste planeta, nunca estivemos tão bem como agora.

De posse de maior lucidez, em escala pessoal e coletiva, quanto ao momento presente, e também de certas lembranças de vidas passadas, o indivíduo pode começar a comparar a corrente vida com as de seu passado mais ou menos distante.

O conhecimento dos principais pontos desta comparação desmistifica várias *pseudoverdades* esotéricas, políticas e sociais, inclusive dando ao retrocognitor uma profunda sensação de segurança e otimismo com relação à sua evolução e dos demais.

Tal exercício é a favor do continuísmo já mencionado por fazer a ponte entre o passado e o presente de forma crítica, produtiva e mentalsomática.

Comparação

Dentre incontáveis pontos de comparação ressaltam os seguintes, devido aos seus efeitos evolutivos:

Maior população – Este planeta, que hoje conta com aproximadamente 6,5 bilhões de pessoas, nunca abrigou tantas conscins. O aumento da população implica na maioria dos demais efeitos indicados a seguir.

Maior expectativa de vida – Ao contrário do que pensa muita gente, atualmente a maioria das pessoas pode viver uma vida mais longa e com mais saúde. Esta maior expectativa de vida ainda não é a realidade em todas as nações do mundo, porém já se manifesta claramente em vários países desenvolvidos e indica que em pouco tempo poderemos estar vivendo os 130 anos que se acredita ser a duração de vida nominal programada em nossos genes. Tal extensão no tempo de vida, viabilizada pelos avanços da medicina, permite maior acúmulo de experiências e possibilita maior quantidade de realizações em uma única vida. Vale a pena lembrar que, durante a Idade Média, na Europa, a expectativa de vida era de aproximadamente 35 anos, idade que, hoje em dia, corresponde à conclusão do período preparatório da proéxis.

Maior número de contatos humanos – Nesta corrente vida, em uma semana podemos nos relacionar, em média, com o mesmo número de pessoas que costumávamos encontrar durante toda uma vida na Idade Média. Este fato mostra que o grupocarma atual já é, inevitavelmente, mais próximo do policarma do que era durante aquelas vidas. A multiplicação dos contatos pessoais e grupais, inclusive com a presença de mais consciências recém transmigradas, acelera o amadurecimento da consciência pela ampliação e diversificação de experiências.

Maior acesso ao conhecimento – Hoje, a maioria das conscins deste planeta têm mais acesso à informação e conhecimento do que em vidas passadas, principalmente devido à televisão, computador, Internet e à popularização e barateamento da mídia impressa – livros, revistas e jornais, muitos dos quais obtidos de forma gratuita nos dias atuais. Apesar da atual crise mundial no ensino, mais pessoas frequentam escolas e os artefatos do saber tornaram-se mais acessíveis.

Maior rapidez de transporte – Nos dias atuais não somos obrigados a passar toda a vida em um pequeno feudo fortificado, ou limitados a uma área de algumas centenas de quilômetros quadrados. Os meios de transporte contemporâneos transcenderam todos os padrões anteriores, possibilitando o acesso rápido e relativamente barato a praticamente qualquer parte do planeta. Como resultado, as pessoas podem economizar muito tempo e vivenciar um universalismo teático maior, através da interação com outras culturas e povos, multiplicando suas experiências de vida.

Mais tempo livre – Devido ao enriquecimento (desigual) da humanidade, hoje é possível trabalhar menos horas. No passado mais distante, da mesma forma que os animais, todos éramos forçados pelas necessidades a "trabalhar para a sobrevivência" todo o tempo disponível. Mesmo antes da invenção do dinheiro, as necessidades de abrigo, calor, segurança, água e comida absorviam todo o tempo existente da conscin – vivia-se apenas para o corpo. Somente reis, líderes e alguns sacerdotes tinham o que hoje chamamos de tempo livre. Na época da Revolução Industrial, na Inglaterra, por exemplo, adultos e crianças trabalhavam nos teares em turnos de até 18 horas, sem sábado ou domingo para descanso. Hoje a maioria das pessoas dos países desenvolvidos ou em desenvolvimento pode dar-se o luxo de trabalhar somente 40 horas por semana, o que possibilita várias horas semanais para lazer, estudo e contatos interpessoais.

Mais comodidades – Os avanços tecnológicos e a queda de preço propiciada pela economia de escala democratizaram os artefatos domésticos que simplificam a vida intrafísica. Várias destas comodidades (eletricidade, supermercado, forno de microondas, telefone e muitas outras) tornaram a existência física menos escravizante, pois não temos mais que perder horas para preparar uma refeição, ou dias para tecer uma peça de roupa.

Maior liberdade de expressão – Em muitos países já existe razoável liberdade de imprensa e de manifestação, o que permite à consciência maior nível de desrepressão, criatividade e participação em seu momento histórico e nos processos sociais e políticos.

Mais democracia – Além da liberdade de expressão, a democracia também expandiu-se em outros pontos. Em vários países, é possível à população escolher os líderes, podendo transcender a *bitolação* de monarquias e impérios, onde o poder está limitado por gerações às mãos de um único grupo ou família. Outro efeito promovido pela expansão da democracia é uma relativa melhoria da Justiça. As decisões autoritárias, corrupções, discriminações e outras agressões à ética serão cada vez mais difíceis de serem executadas. A força da opinião pública torna-se cada vez mais poderosa.

Mais energia consciencial – O maior número de pessoas e o acúmulo de séculos de civilização humana vêm construindo um campo de energia consciencial cada vez mais presente e intenso neste planeta. Através do uso de objetos em geral, da constante exteriorização natural de ECs e da permanente reciclagem natural de matéria, moléculas e átomos – os quais vêm da natureza para constituir corpos humanos e depois são devolvidos com a morte e reusados na construção de novos corpos – observa-se que a matéria densa deste planeta está sendo cada vez mais energizada e *pensenizada.* Ainda não se pode prever todos os efeitos de tal processo, contudo pode-se inferir que a matéria física será cada vez mais dócil e maleável à consciência e que a expressão da multidimensionalidade neste planeta será mais corriqueira.

É importante deixar claro que não se pretende, com a exposição dos pontos anteriores, fazer apologia do atual modelo de sociedade na forma de um ufanismo hipócrita. Ainda padecemos de sérios problemas. O paradigma sócioeconômico atual continua a ser radicalmente injusto, e além disso, dentre muitos outros problemas, está causando a destruição do planeta, fato que mudará somente quando for abandonado o consumismo e criados modelos autossustentáveis. Guerras, fome, autoritarismos, fanatismos, intolerâncias, falta de lucidez e ausência de cosmoética infelizmente continuam e continuarão a existir por muito tempo.

De qualquer forma, muitos indivíduos que já tiveram suficiente número de retrocognições sadias chegam ao consenso de que, em termos globais, para a maioria das consciências, e mantendo-se a visão da serialidade, *nunca estivemos tão bem como agora.*

21

PRECOGNIÇÃO

Até que ponto você é passivo em suas percepções do futuro e até que nível é autor, ativo e atuante dos eventos supostamente previstos?

A precognição, capacidade ou habilidade consciencial de perceber, ver, captar ou intuir eventos futuros – em contraposição à retrocognição (percepção do passado) e à simulcognição (lucidez do presente) – é a 3ª parapercepção da consciência com relação ao tempo cronológico. É popularmente conhecida como premonição, pressentimento ou profecia.

Apesar de ser um dos fenômenos conscienciais mais difíceis de serem explicados, é dos mais comuns e populares. Poucas são as pessoas que nunca tiveram alguma precognição posteriormente confirmada.

Atualmente, a precognição já superou a categoria de suposição ou farsa, em virtude de ter sido testada repetidas vezes e verificada em vários experimentos laboratoriais, a partir de observações dos desvios estatísticos em eventos aleatórios, como por exemplo no caso do uso das cartas zener.

Nem sempre é fácil distinguir as precognições das retrocognições. Na rememoração de vivências passadas é mais comum haver um maior impacto emocional e também o reconhecimento de fatos ou pessoas como sendo familiares. Existe muitas vezes a certeza que, de fato, lembramo-nos de algo que já aconteceu conosco, da mesma forma que recordamos o dia de ontem. No caso das precognições, a experiência costuma ser mais separada de nossas emoções e não resulta na sensação de algo que já ocorreu conosco.

Em certos casos é quase impossível distinguir os dois fenômenos caso não haja a ocorrência, ao longo do tempo, de outras parapercepções que expliquem, complementem ou falsifiquem a primeira experiência em questão. Por exemplo: uma retrocognição de uma vida muito antiga em outro planeta mais avançado tecnologicamente que a Terra, pode ser confundida com uma precognição.

Este tipo de parapercepção, como outras, pode ocorrer de várias formas, combinada com outras habilidades parapsíquicas, ou associada a distintos estados alterados da consciência.

A forma mais comum é a precognição durante sonhos, estado em que a redução do *mando* da racionalidade, junto com a predominância do estado alfa e a descoincidência parcial dos veículos de manifestação da consciência predispõem a sua ocorrência.

Manifesta-se também durante o estado da vigília física ordinária, através de intuições destituídas de imagens, ou como visões ou *flashes* de cenas.

Contudo, a forma mais marcante, em clareza e precisão, é a extrafísica, percebida por indivíduos projetados ou consciências extrafísicas. Nesta condição, a consciência está menos limitada pela influência, objetiva ou subjetiva, do tempo, ou melhor, do *continuum espaço-tempo.*

A máxima expressão da precognição projetiva, se é que se pode chamá-la assim, é a percepção inteiriça do tempo, em bloco, que se obtém através de algumas projeções de mentalsoma, estado no qual desaparecem as fronteiras entre passado, presente e futuro.

Na maioria das vezes a precognição ocorre segundos, horas ou poucos dias antes do evento previsto, porém, em alguns poucos casos, pode se antecipar em muitos anos ou séculos.

Por algum motivo ainda não bem conhecido, a maior parte destas previsões parapsíquicas anteveem acidentes, desastres, catástrofes ou eventos traumáticos, fatos que poderiam ser chamados de negativos. Ou seja, tal como ocorre com a retrocognição, predominam as percepções carregadas no aspecto emocional. Talvez, devido à susceptibilidade emocional maior do ser humano, cujo holopensene é ainda muito carregado no *sen*, este tipo de informação impressiona mais a memória, facilitando que sejam *trazidas* para a lucidez intrafísica através de um processo de similitude ou ressonância pensênica. Um outro fato a ser levado em conta é que heteroassédios ou autoassédios predispõem o indivíduo a precognições negativas recorrentes e frequentes.

Uma discussão comum sobre a precognição é sua relação com a existência, ou não, de um destino predeterminado. Tantas premonições de caráter pessoal ou público já foram confirmadas que, muitas pessoas, inclusive estudiosos, levantaram a hipótese de que não haveria lugar para o livre arbítrio em nossas decisões. Nesta teoria, qualquer que fosse a decisão individual, esta seria simplesmente aquela já predeterminada no curso do destino. Esta abordagem recebeu reforço por parte de certas filosofias hindus que afirmam exatamente o mesmo.

Outra força que alimentou esta corrente foi da ocorrência de eventos que não puderam ser evitados, mesmo com todo o esforço e antecedência. Em alguns destes casos, todos os possíveis fatores desencadeantes de sua ocorrência tinham sido dominados ou controlados e, mesmo assim, aquele evento tinha tal determinismo que infiltrou-se pelas *brechas holopensênicas* e sucedeu-se, apesar dos esforços em contrário. Por outro lado, certas experiências, a princípio tomadas como precognições, caducaram e nunca se confirmaram.

Uma das explicações mais lógicas para este paradoxo "destino x livre arbítrio" é que o futuro é mutável e está permanentemente em aberto. Eventos de um futuro mais próximo podem ser previstos (mesmo de forma racional ou convencional) com maior precisão, enquanto que os mais distantes no futuro são mais incertos.

Todos os eventos futuros têm probabilidades associadas, ou seja, em outras palavras, tudo é possível. Alguns eventos têm probabilidades próximas de zero e são considerados improváveis, enquanto que outros as têm próximas de 100% e são vistos como certos.

Se é possível registrar o maior número possível de fatores e variáveis de um determinado sistema, ao longo de um extenso período de tempo, de forma a deduzir, mesmo que empiricamente, suas leis ou tendências, pode-se deduzir seu comportamento futuro com certa probabilidade. Esta era a pretensão original do paradigma mecanicista, o qual tinha por meta descobrir todas as leis do universo e com elas calcular o futuro de forma inequívoca, a partir da mensuração das variáveis do momento atual. Esta pretensão foi por terra quando da descoberta do princípio da incerteza de Heisenberg, o qual adicionou um elemento indeterminável na *equação do futuro.*

Neste último caso, uma analogia pode auxiliar a elucidar o mecanismo da precognição. Imagine-se sobrevoando uma grande cidade de helicóptero ou balão, observando e analisando o andamento do tráfego urbano abaixo. É impossível prever a trajetória de um carro em particular ou as ações de seu motorista, no entanto será bastante fácil e preciso antever o comportamento do tráfego como um todo, ou seja, depois de algum tempo, pode-se antever quais são os horários, dias e rotas de maior congestionamento.

Esta abordagem materialista é muito fácil de ser entendida e aplicada, de forma convencional, não parapsíquica, em áreas como previsão do clima; investimentos e bolsas de valores; previsões políticas; prognósticos esportivos; e antecipações de certos comportamentos sociais e culturais das massas. Muitas previsões e prognósticos se cumprem, porém há sempre muitas surpresas e erros. Como no caso do trânsito, é quase impossível prever comportamentos individuais, sendo, contudo, viável a previsão de universos maiores.

Segundo o paradigma consciencial, entende-se que outras variáveis também interferem com o futuro. Algumas delas são: as outras dimensões; os Homo sapiens serenissimus; os amparadores; os assediadores; as energias ou pensenes; e os holopensenes do passado. O somatório ou a convergência das *forças holopensênicas* e das sincronicidades do agora tendem a criar maiores probabilidades para determinados fatos futuros. Quanto mais próximos, mais claros. Quanto mais distantes, mais difusos e mutáveis.

Outro fator, talvez o mais importante dentre todos, vem a ser a característica atemporal da consciência. Esta, enquanto restringida no soma, sofre o grau máximo de influência objetiva e subjetiva do fator tempo. Quando se manifesta através do psicossoma, mais sutil, reduz bastante aquela influência; e quando livre pelo mentalsoma, parece transcender completamente tal influência ou restrição. Nesta linha de raciocínio, a precognição pode ser uma rápida e semiconsciente expansão do mentalsoma e suas capacidades.

Seguindo o mesmo enfoque, a projeção consciente de psicossoma ou mentalsoma permitiriam uma percepção mais ampla e completa da realidade e de seus fatos passados, presentes e futuros, assim como na analogia do balão e o trânsito, discutida anteriormente.

Obviamente nossos amparadores e seus respectivos orientadores podem ter também suas precognições, pela sua condição extrafísica mais sutil e pelo conhecimento prévio de nossa proéxis individual, grupal, coletiva, global e, dependendo de seu grau de lucidez, universal. Nada impede que algumas das percepções que chamamos de precognições sejam percepções de segunda mão, captadas e transmitidas para nós por estas consciências extrafísicas.

A esta altura, uma questão torna-se pertinente: será que assediadores podem inculcar *pseudoprecognições* em mentes mais susceptíveis, de forma que tais previsões falsas se tornem realidade pela mero sugestionamento do assediado e atuação direta de seus próprios pensenes? As observações mostram que sim.

Mesmo de forma mais saudável e cosmoética, tal possibilidade pode ser real. Até que ponto somos passivos em nossas percepções do futuro e até que nível somos ativos, atuantes e autores dos eventos supostamente previstos?

A maioria das abordagens discutidas anteriormente quanto à retrocognição também têm relação com a precognição. Técnicas para obtenção da primeira, como por exemplo o *retrocognitarium*, muitas vezes desencadeiam a segunda (*precognitarium*).

A forma de precognição que mais importa neste momento é a relativa à próxima seriéxis. É possível captar em linhas gerais os planos básicos traçados para nosso grupo evolutivo e, consequentemente, para cada indivíduo.

Mais do que simples inspiração passiva, deve-se despertar para a teática lógica e factível da preparação da próxima vida intrafísica.

22

TEORIAS DO FIM DO MUNDO

Somente consciências mais patológicas, entrópicas e sorumbáticas, assediadoras ou assediadas, criam e divulgam clamores de fim do mundo.

A humanidade sempre conviveu com várias profecias apocalípticas, que se proliferam ainda mais em finais de séculos ou milênios. Nas transições de séculos e principlamente de milênios, várias teorias, visões e supostas mensagens e premonições quanto ao fim do mundo, dia do juízo final, ou final dos tempos, multiplicam-se além de nossa capacidade de, sequer, manter o registro das mesmas.

Como são estudadas neste livro as inter-relações da evolução da consciência com o tempo, é essencial discutir um pouco sobre este assunto, a fim de desmistificá-lo e tranquilizar alguns indivíduos mais sugestionáveis.

A partir da lucidez maior a respeito da evolução da consciência e da humanidade, obtida principalmente pela vivência da projetabilidade lúcida e das retrocognições sadias, entende-se que não existe argumento lógico para as teorias apocalípticas.

Vários argumentos podem ser usados contra tal tipo de teoria:

No final do século 10 e do 1º milênio, pelos idos do ano de 999, várias previsões cataclísmicas proliferaram, exatamente como no final do século 20.

A ideia de final de século ou do início do 3º milênio está baseada no calendário gregoriano, que, apesar de ser usado pela maioria dos povos deste planeta, não passa de um mero referencial ou convenção não universal. Os chineses e judeus contam o tempo de maneira diferente e já estão além do ano 5.000.

Uma mudança profunda no ritmo de vida na Terra afetaria outros planetas e civilizações devido às transmigrações interplanetárias. A evolução do cosmo não está seguindo um calendário que leva o nome de um ser humano (um Papa), representante de uma determinada religião (não universalista) dentre as muitas de um pequeno planeta na periferia de uma das incontáveis galáxias do universo visível.

A maioria destas teorias baseia-se em uma visão materialista da existência, em modelos geocêntricos ou em enfoques religiosos que defendem a ideia de que a natureza da consciência é física e não extrafísica. Isto pode ser observado, por exemplo, quando se afirma que depois de um juízo final voltaríamos a viver na Terra eternamente, de forma intrafísica.

O conceito de era de aquário parte dos pressupostos da Astrologia, a qual, em sua base, ainda usa o paradigma da Terra como centro do universo. Várias das constelações usadas na astrologia não são verdadeiras constelações, no sentido técnico de estrelas ligadas por forças gravitacionais ou nascidas da mesma gênese. Parecem ser um grupo estelar por estarem alinhadas na mesma porção do céu, mas, dentre suas estrelas, algumas estão mais próximas da Terra e outras estão muitos anos-luz mais longe. As constelações, verdadeiras ou virtuais, dentro da escala de tempo da civilização humana, estão onde sempre estiveram. É a posição relativa da Terra, com seus inúmeros tipos de movimento (principalmente rotação, translação e precessão) que dá, para os habitantes de sua superfície, a ilusão de movimento do céu. Em comparação com a escala das distâncias astronômicas relativas entre as constelações e a Terra, aqueles movimentos, inclusive o da órbita ao redor do Sol, são ínfimos, ou seja, na escala astronômica, nos últimos milhares de anos, a Terra praticamente não saiu do lugar.

O conhecimento da existência e atuação do *Homo sapiens serenissimus* mostra que a evolução neste planeta não corre à revelia, e que tudo está sob a supervisão de consciências muito mais evoluídas que nós.

A humanidade já passou por crises profundas, ou mesmo catástrofes, e sobreviveu. Por exemplo: já tivemos várias pestes ou epidemias que dizimaram milhões de pessoas (peste negra na Idade Média e a gripe espanhola no princípio deste século); e o *Homo sapiens* enfrentou a última grande glaciação deste planeta.

Tudo indica que o ritmo das transmigrações cresceu nos últimos 3 ou 4 séculos. Tal fato seria ilógico se estivéssemos prestes a enfrentar alguma grande crise de magnitude cósmica.

Contudo, vale a pena enfatizar que teorias apocalípticas não se limitam a finais de séculos. Estas sempre existiram e ainda vão continuar por muito tempo, enquanto o nível de lucidez e discernimento da maioria da humanidade não progredir. Basta considerar, como exemplo mais atual, as afirmações de muitos quanto ao megacataclisma pelo qual a Terra passaria em 2012, baseados no calendário Maia, simplesmente devido ao fato deste apontar para um fechamento de ciclo no dia 21 de dezembro daquele ano. Com certeza nada de especial irá acontecer naquela data e poucos serão os que irão aprender com isso. Os demais continuarão a ser vítimas das profecias assediadoras que ainda virão.

As consciências mais evoluídas, justificadamente otimistas e bem humoradas, não distribuem tal tipo de teorias. São consciências mais patológicas, entrópicas e sorumbáticas intrafísicas ou extrafísicas, que as criam e divulgam.

Seria um erro pensar que a história humana daqui para frente será uma reta ascendente, sem altos e baixos. Passaremos ainda por várias crises, como provavelmente: superpopulação, poluição, falta de água potável, falta de alimento, pestes agrícolas, epidemias globais, índices de criminalidade ainda maior e, talvez, guerras de maiores proporções. Porém, como antes, o ritmo da evolução continuará.

23

SOCIEDADE CONSCIENCIOLÓGICA DO FUTURO

Mesmo resultando quase sempre em previsões não confirmadas, os ensaios de futurologia valem a pena como treino de nossa percepção lúcida quanto à continuidade do tempo passado, presente e futuro.

FUTUROLOGIA

Futurologia: ramo do conhecimento que especula acerca do futuro da sociedade e suas instituições políticas e econômicas, com o fim de antecipar os *futuríveis* (modelos possíveis do futuro da humanidade), ocupando-se de temas como a explosão demográfica, prováveis mutações genéticas da humanidade, processos revolucionários da Biologia e da higiene e revoluções tecnológicas.

PREMISSAS

Concluindo a abordagem deste livro sobre a evolução, a memória e as percepções da consciência relativas ao tempo, a seguir é apresentado um exercício de futurologia baseado no paradigma consciencial, nas verdades relativas de ponta da Conscienciologia e na extrapolação, tão lógica quanto possível, das atuais tendências científicas, tecnológicas e sociais.

É importante ressaltar que a maioria dos exercícios de futurologia não atingem significativo percentual de acerto ou confirmação – às vezes errando completamente – devido às constantes mudanças de rumo da história e à inabilidade humana de apreciar as tendências de seu momento presente. Normalmente somente é possível se ter uma visão mais isenta e profunda de culturas e fatos históricos no mínimo 50 anos depois de sua ocorrência.

Exemplos de usos da Futurologia são as obras de ficção científica (livros ou filmes). Algumas de suas previsões foram confirmadas, como os satélites orbitais de telecomunicações previstos por Arthur C. Clark; ou o submarino e as viagens à Lua antecipados por Júlio Verne. Por outro lado, várias visões quanto ao futuro não se confirmaram, pelo menos até o momento, como no caso de "*Metrópolis*" (Fritz Lang), "*1984*" (George Orwell) e "*Admirável Mundo Novo*" (Aldous Huxley).

Outra limitação óbvia da Futurologia, que inclusive tenta quantificar e matematizar variáveis históricas e simular possíveis futuros através de computadores, é a prisão ao paradigma materialista, newtoniano, cartesiano, fisicalista ou reducionista.

O objetivo deste capítulo é exercitar o mentalsoma do leitor, provocar debates, perturbar condicionamentos, associar diferentes ideias e alargar horizontes, tendo em vista estimular suas precognições, principalmente a respeito de sua(s) próxima(s) vida(s) intrafísica(s), convidando-o a fazer uma análise crítica do ensaio de futurologia conscienciológica descrito a seguir.

Para que se possa entender o panorama proposto, é importante entender que a Socin Conscienciológica, uma sociedade intrafísica menos patológica, está baseada nos seguintes conceitos ou princípios:

- Assistencialidade
- Consciencioterapia
- Cosmoética
- Empresa conscienciológica
- Grupocarmalidade avançada
- Energossomática
- Mentalsomática

- Multidimensionalidade
- Policarmalidade
- Tares ou tarefa do esclarecimento
- Universalismo

Muitas das mudanças apontadas no ensaio a seguir já estão em andamento, e outras poderão se realizar a médio prazo, no entanto, várias serão realidade somente daqui a milênios.

ENSAIO

Conhecimento / Ciência / Tecnologia

- Diminuição do uso do papel impresso (pela teleinformática);
- Conhecimento humano dobrando a períodos cada vez menores (em 2004 a cada 1,5 mês);
- Realidade virtual em educação e treinamento;
- Robótica no lar;
- Vulgarização das manipulações genéticas (Engenharia genética, Projeto Genoma, tratamentos genéticos);
- Uso de clones parciais, biônica e *cyborgs* na Medicina
- Uso da reprodução ou geração artificial;
- Paradigma Consciencial vigorando na Ciência;
- Aplicação prática da tecnologia bioenergética;
- Projetabilidade usada nas pesquisas científicas em geral.

Ecologia

- Diminuição drástica do número de espécies subumanas;
- Água, ar, energia e espaço físico cada vez mais caros;

- População mais velha (menos crianças);
- Supervalorização da Vida Verde;
- Escassez de água potável;
- Cuidados extremos com o meio ambiente (poluição, urbanismo, domos e diques);
- Escassez de alimentos;
- Fim do consumismo e do descartável;
- Mutações e adaptações biológicas inevitáveis.

Comportamento / Psicologia

- Problemas com aumento do tempo livre (risco do excesso de ludismo, infantilidade virtual, drogas, *videogames*) e necessidade de seu melhor uso;
- Aumento da necessidade de fugir do comum (excentricidades, esportes *adrenalínicos*, etc.);
- Polinômio crítico: educação x transporte x alimentação x sobrevivência;
- Maior liberdade de expressão e manifestação, inclusive afetivo-sexual, porém com mais discernimento e responsabilidade;
- Maior senso de grupalidade e respeito à individualidade;
- Maior autenticidade nos climas interconscienciais;
- Maior disponibilidade para a multidimensionalidade, devido à redução da jornada de trabalho, maior presença de computadores e robôs;
- Maior esporte humano: projeção consciente;
- Vivência dentro do maior Universalismo possível;
- Cosmoética como senso comum.

Sociologia / Política / Legislação

- Fusão cada vez maior de companhias, com a consequente formação de conglomerados econômicos (alguns deles mais poderosos que nações);
- A Informação transforma-se na mercadoria mais importante e cara;
- Identificação pessoal pelo ADN;
- Redução do uso do papel moeda (dinheiro eletrônico);
- Enfrentamento da superpopulação e suas implicações;
- Doação de órgãos obrigatória quando da dessoma;
- Aparecimentos de seitas religiosas ecológicas;
- Multiplicação das empresas conscienciológicas;
- Unificação de países;
- Maior liberdade individual e grupal;
- Maior número de inversores existenciais;
- Organização e formalização de grupos evolutivos;
- Aplicação do conscienciograma para formação de duplas evolutivas, contratação de empregados, escolha de políticos, etc.;
- População mais estável em número e perfil;
- Popularização do vínculo consciencial;
- Mudanças na estrutura da família;
- Governo mundial;
- Colônias humanas fora da Terra e suas implicações sociológicas;
- Ondas cada vez mais rápidas. Segundo Alvin Tofler: 1ª onda = Revolução Agrícola; 2ª onda = Revolução Industrial; 3ª onda = Revolução da Informação. Segundo

a Conscienciologia: 4ª onda = Multidimensionalidade;

- Vida intrafísica mais longa (aproximadamente 130 anos);
- Idioma universal (fusão natural, em diferentes percentuais, dos atuais idiomas mais importantes);
- Contato com civilizações extraterrestres;
- Fim das guerras.

Multidimensionalidade

- Intensificação das transmigrações interplanetárias (imigrações e emigrações interplanetárias);
- Aumento de epicons (epicentros conscienciais);
- Expansão da conscienacioterapia;
- Maior número de consciências com curso intermissivo de alto nível;
- Primeneres (primaveras energéticas) mais comuns;
- Facilidades da vida levarão as pessoas para a percepção maior da dimensão energética (dimener) ou da *névoa energética;*
- Maior dificuldade para ressomar (concorrência pelas poucas oportunidades, necessidade de pré-requisitos para ressomar);
- Maior número de serenões conhecidos;
- Tendência geral para o mentalsoma (cuidado do soma visando ao mentalsoma, evitando a atual *dicotomia Atenas x Esparta*);
- Maior uso e valorização do parapsiquismo, projetabilidade e bioenergias;

- Líderes conscienciais que têm sido negativos por muitos séculos, transformando-se gradualmente em líderes positivos e cosmoéticos;
- Fim das reurbanizações extrafísicas – somente manutenção;
- Aumento do nível evolutivo médio da população;
- Maior intercâmbio lúcido: intrafisicalidade x extrafisicalidade;
- Matéria física mais energizada e dócil à consciência;
- Multidimensionalidade como conhecimento de domínio público (ensinado desde a infância);
- Diminuição do percentual de assédios interconscienciais (aumento do percentual de despertos);
- Seriéxis sem necessidade de assistência tão ostensiva por parte dos amparadores, como acontece hoje;
- Socin (sociedade intrafísica) irá assemelhar-se às sociexes (sociedades extrafísicas) sadias;
- Descoberta pública do serenão ou *Homo sapiens serenissimus* (equivalente histórico da descoberta do fogo, invenção da agricultura e da roda);
- Era consciencial;
- Esgotamento da carga vital de bioenergia da Terra e necessidade de transmigração total;
- Obtenção do estado da consciência contínua;
- 3ª dessoma e estado da consciência livre (CL).

CONCLUSÃO

Dentro de um contexto de maior lucidez quanto ao tempo e sua evolução, seria interessante se você, leitor, ponderasse sobre as seguintes questões:

O que você está fazendo de prático com relação a tudo isto?

Você ajuda os serenões em seu papel evolutivo ou compactua com os mega-assediadores, criando ainda mais entropia?

Você está lúcido de sua autoevolução e a catalisa ou é simplesmente levado pela enxurrada inexorável da evolução geral?

Você tem precognições proativas, *saindo à luta para transformá-las em realidade, quando positivas, ou tem precognições passivas, esperando para ver se acontecem?*

Seção IV: Anexos

Glossário

Este glossário foi extraído do livro *Projeciologia: Panorama das Experiências da Consciência Fora do Corpo Humano*, de autoria de Waldo Vieira.

Observações. Aqui estão listadas 300 denominações, palavras compostas, expressões e seus equivalentes técnicos da Projeciologia.

Abordagem extrafísica – Contato de uma consciência com outra nas dimensões extrafísicas.

Acidente parapsíquico – Distúrbio físico ou psicológico gerado por influências energéticas, interconscienciais, doentias, em geral de origem extrafísica, ou multidimensional.

Acoplamento áurico – Interfusão das energias do energossoma de 2 ou mais consciências.

Agenda extrafísica – Anotação por escrito da relação de alvos conscienciais extrafísicos, prioritários – seres, locais ou ideias, que o projetor projetado procura alcançar gradativamente, de maneira cronológica, estabelecendo esquemas inteligentes ao seu desenvolvimento.

Alucinação (Latim: *hallucinari,* errar) – Percepção aparente de objeto externo não presente no momento; erro mental na percepção dos sentidos, sem fundamento em uma realidade objetiva.

Alvo mental projetivo – Meta predeterminada que a conscin objetiva alcançar, através da vontade, intenção, mentalização e decisão, ao se ver lúcida fora do soma.

Amência consciencial – Condição da consciência incapaz de pensar com equilíbrio mental razoável.

Amparador – Consciex auxiliadora de uma conscin ou de várias conscins; benfeitor extrafísico. Expressões equivalentes, arcaicas, desgastadas e envilecidas pelo emprego continuado: *anjo de guarda; anjo guardião; anjo de luz; guia; mentor.*

Andaimes conscienciais – *Muletas* psicológicas ou fisiológicas quando dispensáveis.

Androchacra (*andro* + *chacra*) – O sexochacra do homem.

Andropensene (palavra composta: *andro* + *pen* + *sen* + *ene)* – Pensene específico da conscin masculina primitiva ou o *machão.*

Androssoma *(andro* + *soma)* – O corpo humano masculino ou específico do homem.

Animismo (Latim: *animus,* alma) – Conjunto dos fenômenos intra e extracorpóreos produzidos pela conscin, sem interferências externas, como, por exemplo, o fenômeno da projeção consciente induzida pela própria vontade.

Antipensene *(anti* + *pen* + *sen* + *ene)* – O pensene antagônico, comum nas refutações, nos omniquestionamentos e nos debates produtivos.

Aparição intervivos – Ação do aparecimento da consciência do projetor humano, projetado, às conscins.

Arrastão extrafísico – Ação de um grupo de consciexes energívoras, inclusive guias extrafísicos cegos, nas dimensões paratroposféricas, com o objetivo de vampirizar as conscins, nos ambientes de comemorações ou eventos intrafísicos, que reúnem pessoas predispostas à condição da vitimização assediadora coletiva, através das energias conscienciais.

Assedialidade – Intrusão pensênica interconsciencial, doentia. Expressão equivalente, anacrônica: *obsessão*; há numerosas conscins que se defendem contra esta palavra.

Assim *(as* + *sim)* – Assimilação simpática de ECs, ou energias conscienciais, pela vontade, não raro com a decodificação de um conjunto de pensenes de outra (s) consciência (s).

Atacadismo consciencial – Sistema de comportamento individual caracterizado pela diretriz de se levar em conjunto, ou de eito, os atos conscienciais, sem deixar rastros ou *gaps* evolutivos, negativos, para trás.

Aura (Latim: *aura,* sopro de ar) **orgástica** – Energia do energossoma do *facies sexualis* do homem ou da mulher no momento exato do orgasmo ou do clímax do ato sexual.

Aura peniana – Energia sexochacral em torno do pênis, notadamente quando em ereção, perceptível por qualquer pessoa motivada, em especial pelo próprio homem excitado sexualmente.

Autobilocação (Grego: *autos,* próprio; latim, *bis,* dois; e *locus,* lugar) **consciencial** – Ato de o projetor (ou projetora) intrafísico encontrar e contemplar o próprio corpo humano (soma) frente a frente, estando a sua consciência (conscin) fora dele, sediada noutro veículo de manifestação consciencial.

Autoconsciencialidade – Qualidade do nível de autoconhecimento por parte da própria consciência; megaconhecimento.

Autoconscientização multidimensional (**AM**) – Condição da lucidez madura da conscin quanto à vida consciencial no estado evoluído de multidimensionalidade, alcançado através da PL, ou projetabilidade lúcida.

Autoimperdoador – Conscin – homem ou mulher – que não se perdoa, em suas autodisciplinas, quanto aos próprios erros e omissões, a fim de eliminar as autocorrupções conscientes. Esta condição sadia se antepõe à condição, também sadia, do *hetero*perdoador (ou *hetero*perdoadora), *perdoador universal,* sincero, em relação a todos os seres, para sempre, *um princípio básico da maxifraternidade.*

Automimese existencial – Imitação, por parte da conscin, das próprias vivências ou experiências passadas, sejam do renascimento intrafísico atual ou de existências anteriores.

Automimeticidade – Qualidade consciencial da automimese existencial.

Autopensene (*auto* + *pen* + *sen* + *ene*) – O pensene da própria consciência.

Autoprojeção – Saída da conscin para outra dimensão consciencial, através do mentalsoma, ou do psicossoma, intencional ou provocada pela vontade.

Autorrevezamento consciencial – Condição avançada em que a consciência evolui entrosando uma existência intrafísica com outra, consecutivamente *(proéxis vinculadas),* ao modo dos elos de uma cadeia (seriéxis), dentro do seu ciclo multiexistencial *(holobiografia).*

Base física – Local seguro, escolhido pela conscin para deixar o seu soma, inanimado ou repousando, enquanto se projeta conscientemente para outras dimensões conscienciais fora dele; *duplódromo.* Um holopensene projeciogênico domiciliar. Apresenta relação direta com: a alcova energeticamente blindada; a tenepes; o epicon; a ofiex; o *projetarium;* o *precognitarium;* e o *retrocognitarium.*

Binômio admiração-discordância – Postura da conscin, madura quanto à evolução consciencial, que já sabe viver em coexistência pacífica com uma outra conscin, a quem ama e admira, e, ao mesmo tempo, não concorda sempre ou 100% com ela quanto aos seus pontos de vista, opiniões ou posicionamentos.

Binômio lucidez - rememoração – Conjunto das 2 condições indispensáveis à conscin para que a mesma obtenha uma projeção lúcida (fora do soma) plenamente satisfatória.

Biopensene (*bio* + *pen* + *sen* + *ene*) – O pensene específico da consciência humana ou intrafísica.

Bitanatose – Desativação e descarte do energossoma, depois da dessoma, incluindo a retirada dos resquícios das conexões energéticas do energossoma no psicossoma; *segunda morte;* segunda dessoma.

Bradipensene (*bradi* + *pen* + *sen* + *ene*) – O pensene de fluxo vagaroso, próprio da consciência humana bradipsíquica.

Cardiochacra (*cardio* + *chacra*) – O quarto chacra básico, agente influente na emotividade da conscin, vitalizador do coração e dos pulmões.

Casal incompleto – Par de homem e mulher que *não* chega a formar o casal íntimo (aquele casal que pratica o ato sexual completo), contudo, mantém forte laço afetivo.

Catatonia extrafísica – Condição fixa da conscin, quando projetada, que mantém atos extrafísicos estereotipados, repetidos e, em geral, inúteis ou dispensáveis quanto à sua evolução.

Cérebro abdominal (V. **Subcérebro abdominal**).

Chacra – Núcleo ou campo limitador de energia consciencial, cujo conjunto constitui basicamente o energossoma, paracorpo energético dentro do soma, fazendo a junção com o psicossoma, atuando como ponto de conexão pelo qual a EC flui de um veículo consciencial para outro.

Ciclo mentalsomático – O ciclo ou curso evolutivo da consciência que se inicia na sua condição de CL, ou consciência livre, em que desativa definitivamente o seu psicossoma (terceira dessoma) e vive tãosó com o mentalsoma.

Ciclo multiexistencial – Sistema ou condição de alternância contínua, em nosso nível evolutivo médio, de um período de renascimento intrafísico *(seriéxis)* com outro período pós-desativação somática, extrafísico, ou a *intermissão*.

Clima interconsciencial – Condição do multientendimento em um encontro interconsciencial, estabelecida através de pensenes afinizados, especialmente *carregados* nas ECs, ou energias conscienciais. Há climas, *climinhas* e *climões* interconscienciais.

Coepicon – Amparador que trabalha com a conscin, epicon praticante veterando, em suas tarefas energéticas pessoais, seja na condição de seu colega nas práticas diárias da tenepes ou na assistência constante às consciexes recolhidas em sua ofiex.

Compensação intraconsciencial – Técnica conscienciométrica fundamentada no emprego maior de um atributo consciencial, mais desenvolvido (traf*or*), sobre outro, ou outros atributos conscienciais menos desenvolvidos (traf*ar*es) no microuniverso da conscin.

Compléxis (*comple* + *exis*) – Condição da completude existencial da proéxis da consciência humana.

Comunicologia – Área ou especialidade da Conscienciologia que estuda a comunicabilidade da consciência de todas as naturezas e formas, inclusive a comunicação interconsciencial entre as dimensões conscienciais, considerando a projetabilidade consciencial lúcida e as abordagens da consciência "inteira" (holossoma, holobiografia, holomemória).

Comunidade extrafísica – Reunião e vida em comum de consciexes em uma dimensão extrafísica.

Con – Unidade hipotética de medida do nível de lucidez da conscin ou da consciex.

Concentração consciencial – Estado da focalização direta, sem desvios, dos sentidos, atributos conscienciais, vontade e intenção da consciência sobre um só objeto.

Confor *(con + for)* – Interação do conteúdo (ideia, essência) com a forma (apresentação, linguagem) nos processos da comunicação interconsciencial (comunicologia).

Consciência (Latim: *con* + *scientia,* com conhecimento) **livre** (**CL**) – Consciência – ou melhor: consciex – que se libertou definitivamente (desativação) do psicossoma ou paracorpo emocional, e das fieiras das seriéxis, situada na *hierarquia evolutiva* depois do *Homo sapiens serenissimus.*

Conscienciês – Idioma telepático, não simbólico, nativo nas dimensões conscienciais das Sociexes muito evoluídas.

Conscienciocentrismo – Filosofia social que centraliza os seus objetivos na consciência em si, e em sua evolução, especialidade da Conscienciologia, sob o nome de *Conscienciocentrologia,* que estuda a criação e a manutenção da instituição conscienciocêntrica ao modo de uma cooperativa consciencial, dentro da Socin Conscienciológica, com base nos vínculos empregatício e consciencial.

Conscienciograma – Planilha técnica das medidas avaliativas do nível de evolução da consciência; megateste consciencial que tem por modelo o *Homo sapiens serenissimus,* responsável por uma conta corrente egocármica positiva. Instrumento básico empregado nos testes conscienciométricos.

Conscienciologia – Ciência que estuda a consciência de modo integral, holossomático, multidimensional, multimilenar, multiexistencial e, sobretudo, conforme as suas reações perante as EIs e as ECs, bem como em seus múltiplos estados.

Conscienciólogo (a) – Conscin empenhada no estudo permanente e na experimentação objetiva, dentro do campo de pesquisas da Conscienciologia, na qualidade de agente de renovações evolutivas (*agente retrocognitor*), no trabalho libertário das consciências em geral.

Conscienciometria – Disciplina ou área que estuda as medidas conscienciológicas, ou da consciência, através dos recursos e métodos oferecidos pela Conscienciologia, capazes de assentar as bases possíveis da *matematização da consciência.* Instrumento principal: conscienciograma.

Conscienciotarapia – Especialidade que estuda o tratamento, alívio ou remissão de distúrbios da consciência, executados através dos recursos e técnicas derivados da Conscienciologia.

Consciex (*consci* + *ex*) – Consciência *extra*física; o paracidadão ou paracidadã da Sociex. Sinônimo envilecido pelo uso: *desencarnado.*

Conscin (*consci* + *in*) – Consciência *intra*física; a personalidade humana; o cidadão ou cidadã da Socin. Sinônimo envilecido pelo uso: *encarnado.*

Continuísmo consciencial – Condição da inteireza – sem brechas – na continuidade da vida consciencial através da previsão providencial e do autorrevezamento evolutivo, ou seja: a emenda desta vivência do momento, às vivências imediatamente anterior e posterior, incessantemente, em um todo coeso e único, sem solução de continuidade nem experiências conscienciais estanques.

Contracorpo – O mesmo que energossoma, o veículo específico da EC da conscin.

Contrapensene *(contra + pen + sen + ene)* – Pensene *intra*consciencial da conscin; refutação mental muda; *palavra mental;* o pensene mudo; um tipo de *intrapensene.*

Copensene *(co + pen + sen + ene)* – O pensene da coopção específica do coro, dos rezadores em grupo e das multidões.

Coprojetor – Amparador que trabalha conjuntamente com a conscin no desenvolvimento das suas projeções conscienciais, lúcidas, assistidas.

Cordão de ouro – Suposto elemento energético – à semelhança de um controle remoto – que mantém o mentalsoma ligado ao paracérebro do psicossoma.

Coronochacra *(corono + chacra)* – O chacra da área do sincipúcio, *coroa* o energossoma.

Cosmoconsciência – Condição ou percepção interior da consciência do cosmo, da vida e da ordem do Universo, em uma exaltação intelectual e cosmoética impossível de se descrever, quando a consciência sente a presença viva do Universo e se torna una com ele, em uma unidade indivisível. Há comunicação interconsciencial nesta condição peculiar.

Cosmoética (*cosmo* + *ética*) – Ética ou reflexão sobre a moral cósmica, multidimensional, que define a holomaturidade, situada além da moral social, intrafísica, ou que se apresenta sob qualquer rótulo humano. É uma especialidade da Conscienciologia.

Cosmoeticidade – Qualidade cosmoética da consciência.

Cosmopensene *(cosmo + pen + sen + ene)* – Pensene específico do conscienciês ou do estado da cosmoconsciência; forma de comunicação do conscienciês.

Coterapeuta – Amparador que trabalha conjuntamente com a conscin conscienciοterapeuta no desenvolvimento dos procedimentos técnicos assistenciais da conscienciοterapia aos seus pacientes.

Curso grupocármico – Conjunto dos estágios da consciência dentro do grupo consciencial evolutivo.

Curso intermissivo – Conjunto de disciplinas e experiências teáticas administradas à consciex, depois de determinado nível evolutivo, durante o período da intermissão consciencial, dentro do seu ciclo de existências pessoais, objetivando o completismo consciencial (compléxis) da próxima seriéxis.

Dermatologias da consciência – Expressão composta atribuída às Ciências convencionais, fisicalistas, subordinadas ao paradigma newtoniano-cartesiano, mecanicista, que centram as suas pesquisas tão somente no soma, porque não dispõem da instrumentalidade necessária para as investigações técnicas, diretas, da consciência em si; dermatologias da conscin. Ciências periconscienciais.

Desassim (*desas + sim*) – Desassimilação simpática de ECs exercida pela impulsão da vontade, normalmente através do EV.

Descoincidência vígil – Condição parapsíquica da conscin – projetor ou projetora – em que a mesma se percebe com o psicossoma fora do estado da coincidência, em plena vigília física ordinária, sem se sentir completamente integrada ao soma, gerando a intensificação de parapercepções e fenômenos energéticos e parapsíquicos.

Desperticidade – Qualidade consciencial do ser desperto.

Desperto (*des + per + to*) – Ser intrafísico, ou conscin, desassediado, permanente, total, plenamente autoconsciente da sua qualidade de desperticidade.

Dessoma *(des + soma)* – Desativação somática, próxima e inevitável para todas as conscins; projeção final; *primeira morte*; morte biológica; monotanatose. A dessoma (simplesmente) ou *primeira* dessoma é a desativação do corpo humano ou soma. A *segunda* dessoma é a desativação do energossoma. A *terceira* dessoma é a desativação do psicossoma.

Dessomática – Estudo dos contextos físicos da dessoma e dos contextos psicológicos, sociais e médico-legais relacionados com a desativação do soma. É um especialidade da Conscienciologia.

Devaneio – Enredo fantasioso criado pela imaginação durante o estado da vigília física ordinária da consciência humana.

Dimener (*dime + ener*) – Dimensão energética das consciências; dimensão do energossoma; dimensão *três-e-meia.* Dimensão natural do energossoma.

Dupla evolutiva – Duas consciências que interagem positivamente em evolução conjunta; condição existencial de *evolutividade intercooperativa* a dois.

Ectopia consciencial – Execução insatisfatória da proéxis, de maneira excêntrica, deslocada, fora do roteiro programático escolhido para a própria vida intrafísica.

Egocarma *(ego + carma)* – Princípio de causa e efeito, atuante na evolução da consciência, quando centrado exclusivamente no ego em si. Estado do livre-arbítrio preso ao egocentrismo infantil.

Egopensene *(ego + pen + sen + ene)* – O mesmo que autopensene; a *unidade de medida* do egoísmo consciencial, segundo a Conscienciologia, ou, mais apropriadamente, a Conscienciometria.

Encapsulamento parassanitário – Isolamento assistencial e a anulação energética, temporária, das manifestações pensênicas – notadamente energéticas, intrusivas ou assediadoras – de 1 ou mais consciências, conscins e/ou consciexes, enfermas, ao modo dos isolamentos sanitários existentes nos hospitais de doenças infecto-contagiosas com internados que apresentam alto poder de contaminação doentia, radiativa ou tóxica.

Energia consciencial (**EC**) – A energia imanente que a consciência emprega em suas manifestações em geral; o *ene* do pensene.

Energia imanente (**EI**) – Energia primária, vibratória, essencial, multiforme, impessoal, difusa e dispersa em todos os objetos ou *realidades* do Universo, de modo onipotente, ainda indomada pela consciência humana, e demasiadamente sutil para ser descoberta e detectada pelos atuais instrumentos tecnológicos.

Enumerologia – Técnica didática de feitura e processamento de textos, centrada na autocrítica informativa.

Epicon (*epi* + *con*) – Epicentro consciencial; conscin-chave do epicentrismo operacional, que se torna um fulcro de lucidez, assistencialidade e construtividade interdimensional, através da ofiex. Tem relação direta com a *tenepes* ou a tarefa energética pessoal.

Era consciencial – Aquela na qual a média das conscins encontrar-se-á suficientemente evoluída, através dos impactos, redefinições e revoluções criadas pela vivência da projetabilidade lúcida (PL), implantando-se o *primado da autoconsciencialidade.*

Estado de animação suspensa – Aquele no qual a conscin tem suspensas, temporariamente, as funções vitais essenciais do seu corpo celular, retornando, depois, às suas condições fisiológicas normais, em certos casos sem ocorrer quaisquer danos à sua saúde, sobrevivendo as células em metabolismo de hibernação humana.

Estado vibracional (**EV**) – Condição técnica de dinamização máxima das energias do energossoma, através da impulsão da vontade.

Estigma assediador – Um insucesso, sempre dramático, em geral patológico, ou uma derrota evolutiva, assentada, em geral, em uma auto-obcecação consciencial geradora da melin ou da melex. Muitas vezes, resulta em acidentes parapsíquicos.

Euforex (*eufor* + *ex*) – Condição de euforia extrafísica, após a desativação somática, gerada pelo cumprimento razoável da proéxis; euforia *post-mortem*; paraeuforia; euforia pós-somática.

Euforin (*eufor* + *in*) – Condição da euforia intrafísica, antes da desativação somática gerada pelo cumprimento razoável da proéxis; euforia *pré-mortem.* Condição predisponente ideal à moréxis positiva.

Eunuco de bases conscienciais – Conscin castrada e manipulada consciencialmente pelos sectários, domesticadores dos *robôs satisfeitos,* os escravos modernos da massa impensante.

Evoluciologia – Especialidade da Conscienciologia que estuda a evolução da consciência abordada de modo integral, em alto nível, matéria adstrita especificamente ao evoluciólogo ou orientador evolutivo.

Evoluciólogo – Consciência coadjutora da coordenação inteligente da proéxis (programação existencial), ou da evolução consciencial de uma ou mais consciências, do mesmo grupocarma. Expressão mais adequada do que *orientador evolutivo*.

Existência energossomática – Vida intrafísica ou a seriéxis da consciência humana.

Existência trancada – Vivência humana ou da seriéxis sem a produção de PCs; vida humana troposférica somente com projeções inconscientes, vegetativas, características do estado do paracoma evolutivo; seriéxis trancada.

Experiência da Quase-Morte (EQM) – Ocorrência projetiva, involuntária ou forçada por circunstâncias humanas, críticas, da consciência humana, comum a doentes terminais, pacientes morituros e sobreviventes da morte clínica.

Extrafísico – Relativo àquilo que esteja fora, ou além, do estado *intra*físico ou humano; estado consciencial *menos* físico do que o soma.

Fenômeno concomitante à PC – O que ocorre no *continuum* espaço-tempo ou não, mas simultaneamente com o desenvolvimento da experiência da projeção consciente, de modo espontâneo e inesperado.

Fenômeno projetivo – Ocorrência parapsíquica específica do âmbito de pesquisa da Projeciologia.

Fitopensene *(fito + pen + sen + ene)* – O pensene rudimentar da planta; a *unidade léxica* da planta, segundo a Conscienciologia.

Geoenergia *(geo + energia)* – Energia imanente (EI) proveniente do solo ou da terra e absorvida pela conscin através da *pré-kundalini*. Expressão arcaica: *energia telúrica.*

Gestação consciencial – Produtividade evolutiva, útil, da consciência humana, dentro do quadro de obras pessoais da programática da sua proéxis.

Ginochacra (*Gino + chacra*) – O sexochacra da mulher.

Ginopensene *(gino + pen + sen + ene)* – O pensene específico da linguagem e comunicabilidade feminina.

Ginossoma *(gino + soma)* – O corpo humano feminino ou específico da mulher, especializado na reprodução animal da vida intrafísica da conscin; o corpo afrodisíaco.

Grafopensene *(grafo + pen + sen + ene)* – A *assinatura pensênica* da consciência humana ou intrafísica.

Grecex *(gr + rec + ex)* – Grupo de reciclantes existenciais; reunião e vivência intrafísica, conjunta, em grupo, objetivando a experiência das recéxis planificadas. Plural: grecexes.

Grinvex (*gr + inve + ex*) – Grupo de inversores existenciais; reunião e vivência intrafísica, conjunta, em grupo, objetivando a experiência das invéxis planificadas. Plural: grinvexes.

Grupalidade – Qualidade do grupo evolutivo da consciência; condição da evolutividade em grupo.

Grupocarma *(grupo + carma)* – Princípio de causa e efeito, atuante na evolução da consciência, quando centrado no grupo evolutivo. Estado do livre-arbítrio individual, quando ligado ao grupo evolutivo.

Grupopensene *(grupo + pen + sen + ene)* – O pensene sectário, corporativista e antipolicármico; mas o grupopensene pode ser também construtivo.

Guia cego – Consciência amoral ou inexperiente que ajuda outra consciência, de modo anticosmoético, segundo os seus interesses egoicos do momento, em detrimento de outras.

Heteropensene *(hetero + pen + sen + ene)* – O pensene de outrem em relação a nós.

Hiperacuidade – Qualidade da lucidez máxima da conscin alcançada pela recuperação – que lhe é possível – dos cons.

Hiperespaços conscienciais – Dimensões conscienciais extrafísicas.

Hiperpensene *(hiper + pen + sen + ene)* – O pensene heurístico; a ideia original da descoberta; o pensene neofílico; a *unidade de medida* da invenção, segundo a Conscienciometria.

Hipnagogia (Grego: *hipnos,* sono; e *agogós,* condutor) – Condição crepuscular de transição da consciência entre o estado da vigília física ordinária e o estado do sono natural. É um estado alterado da consciência.

Hipnopompia (Grego: *hipnos,* sono; e *pompikós,* procissão) – Condição de transição do sono natural, introdutória ao despertamento físico, no semissono que precede o ato de acordar, caracterizada por imagens oníricas com efeitos auditivos e visões alucinatórias que subsistem após o despertar. É um estado alterado da consciência.

Hipopensene *(hipo + pen + sen + ene)* – O mesmo que protopensene ou fitopensene.

Holocarma *(holo + carma)* – Reunião dos 3 tipos de ações e reações conscienciais – egocarma, grupocarma e policarma – dentro dos princípios de causa e efeito, atuantes na evolução da consciência.

Energossoma *(energo + soma)* – Paracorpo energético da consciência humana.

Energossomática – Qualidade das manifestações da conscin derivadas do energossoma ou corpo energético.

Holomaturidade *(holo + maturidade)* – Condição da maturidade integrada – biológica, psicológica, holossomática e multidimensional – da consciência humana.

Holomemória (*holo + memória*) – Memória causal, composta, multimilenar, multiexistencial, implacável, ininterrupta, pessoal, que retém todos os fatos relativos à consciência; multimemória; polimemória.

Holopensene (*holo + pen + sen + ene*) – Pensenes agregados ou consolidados. Sinônimo envilecido pelo uso: *egrégora.* Esta palavra gera resistência em larga faixa dos leitores sérios das ciências.

Holopensene domiciliar – Base física; alcova energeticamente blindada; ofiex.

Holorgasmo (*holo + orgasmo*) – Orgasmo holossomático; êxtase máximo gerado pelas energias de todo o holossoma.

Holossoma (*holo* + *soma*) – Conjunto dos veículos de manifestação da conscin: soma, energossoma, psicossoma e mentalsoma; e da consciex: psicossoma e mentalsoma.

Holossomática – Estudo específico do holossoma. É uma especialidade da Conscienciologia.

Homeostase holossomática – Estado integrado, hígido, de harmonia do holossoma.

Homopensene *(homo + pen + sen + ene)* – O pensene da emissão e da recepção telepática; a *unidade de medida* na telepatia, segundo a Conscienciometria.

Homo sapiens serenissimus – Consciência quando na vivência integral da condição do serenismo lúcido. Sinônimo de emprego popular: *Serenão.*

Incompléxis (*in* + *comple* + *exis*) – Condição existencial da proéxis incompleta da consciência humana.

Instituição conscienciocêntrica – Aquela que centraliza seus objetivos na consciência em si, e em sua evolução, ao modo do Instituto Internacional de Projeciologia e Conscienciologia (IIPC); cooperativa consciencial, dentro da Socin Conscienciológica, com base nos vínculos empregatício e consciencial.

Interfusão holossomática – Estado das assins máximas entre 2 consciências.

Intermissão – Período extrafísico da consciência entre 2 das suas seriéxis pessoais.

Intermissão pós-somática – Período extrafísico da consciência imediato à sua desativação somática.

Intermissão pré-somática – Período extrafísico da consciência anterior ao seu renascimento intrafísico.

Intermissibilidade – Qualidade do período de intermissão de uma consciência.

Interprisão grupocármica – Condição da inseparabilidade grupocármica do princípio consciencial evolutivo ou consciência.

Intraconsciencialidade – Qualidade das manifestações específicas da intimidade da consciência.

Intrafisicalidade – Condição da vida intrafísica, humana, ou da existência da consciência humana.

Intrapensene *(intra + pen + sen + ene)* – Pensene *intra*consciencial da consciência humana.

Intrusão energética – Invasão de uma consciência em outra através das ECs ou do energossoma.

Intrusão espermática – Introdução do esperma de um homem no sexossoma da mulher, durante o ato sexual.

Intrusão energossomática – Invasão de uma conscin em outra através do energossoma; intrusão energética.

Intrusão holossomática – Invasão de uma consciência em outra através de todo o holossoma.

Intrusão interconsciencial – Ação exercida por uma consciência sobre outra.

Intrusão mnemônica – Colisão da memória intrusiva de uma consciex assediadora sobre a memória cerebral ou biomemória de uma conscin assediada *(paramnésia)*.

Intrusão pensênica – Invasão de uma consciência em outra através do mentalsoma.

Intrusão psicossomática – Invasão de uma consciência em outra através da emocionalidade, ou pelo psicossoma.

Intrusão volitiva – Invasão da vontade de uma consciência em outra através da heterossugestão ou hetero-hipnose.

Inversor existencial – Conscin que se dispõe a executar a invéxis na vida intrafísica.

Invexibilidade – Qualidade da execução intrafísica da invéxis.

Invéxis (*inve + exis*) – Técnica da inversão existencial executada pela consciência humana ou intrafísica.

Macro-PK destrutiva – Psicocinesia ou PK (*psychokinesis*) nociva, capaz de acarretar prejuízos à conscin, podendo estes, inclusive, serem fatais ao soma.

Macrossoma *(macro + soma)* – Soma fora-de-série ou *supermaceteado* para a execução de uma proéxis específica.

Mandato pré-intrafísico – Programação existencial para a vida humana planejada antes do renascimento intrafísico da consciência; proéxis.

Materpensene *(mater + pen + sen + ene)* – Ideia-mãe ou a matriz de todo um desenvolvimento de tese, teoria ou ensaio, o *leit-motif*, o pilar mestre ou o pensene predominante em um holopensene.

Maturidade integrada – Estado da maturidade consciencial mais evoluída, além da maturidade biológica ou física, e da maturidade mental ou psicológica; holomaturidade.

Maxifraternidade – Condição interconsciencial, universalista, mais evoluída, fundamentada na fraternidade pura da consciência autoimperdoadora e heteroperdoadora, meta inevitável na evolução de todas as consciências. Sinônimo: Megafraternidade.

Maximoréxis *(maxi + mor + exis)* – Condição da moréxis existencial – a maior – ou quando vem para a conscin *completista,* na qualidade de acréscimo ou adendo (base superavitária), quanto ao compléxis da sua proéxis; portanto, a execução de um *extra sadio* de um mandato existencial concluído.

Maxipensene *(maxi + pen + sen + ene)* – O pensene peculiar às CLs ou Consciências Livres.

Maxiprimener *(maxi + prim + ener)* – Condição da primavera energética máxima ou prolongada.

Maxiproéxis *(maxi + pro + exis)* – Programação existencial máxima, *por atacado,* ou visando à execução de tarefa na vivência do universalismo e da maxifraternidade, com bases policármicas.

Megameta – O objetivo maior da autoevolução para a consciência.

Megapensene *(mega + pen + sen + ene)* – O mesmo que ortopensene.

Megapoder – A condição evoluída de lucidez magna, cosmoética, da consciência.

Megatrafar *(mega + tra + far)* – O trafar máximo da consciência.

Megatrafor *(mega + tra + for)* – O trafor máximo da consciência.

Melex (*mel + ex*) – Condição da melancolia extrafísica, pós-somática ou *post-mortem*; paramelancolia.

Melin (*mel + in*) – Condição da melancolia intrafísica ou *pré-mortem*.

Mentalsoma (*mental + soma*) – Corpo mental; o *paracorpo* do discernimento da consciência. Plural: *mentaissomas*.

Metassoma *(meta + soma)* – O mesmo que psicossoma, instrumento extrafísico de consciexes e conscins.

Microuniverso consciencial – A consciência considerada de per si, como um todo, englobando todos os seus atributos, pensenes e manifestações no desenvolvimento da sua evolução. O microcosmo da consciência em relação ao macrocosmo do Universo.

Mimese cosmoética – Impulso social produtivo de imitação dos antepassados evoluídos da conscin.

Minimoréxis *(mini + mor + exis)* – Condição da moratória existencial – a menor – ou quando vem para a conscin *incompletista* ressarcir o seu *deficit holocármico* (base deficitária) ou concluir a condição do compléxis quanto à sua proéxis; portanto, o acabamento de um mandato existencial ainda inconcluso.

Minipensene *(mini + pen + sen + ene)* – O pensene específico da criança, às vezes em função do cérebro ainda em desenvolvimento.

Miniprimener *(mini + prim + ener)* – Condição da primavera energética mínima ou efêmera.

Miniproéxis *(mini + pro + exis)* – Programação existencial mínima, *a varejo,* ou objetivando a execução de uma tarefa mínima, ainda grupocármica.

Mnemossoma (*mnemo + soma*) – O soma considerado especificamente quanto à memória da consciência, em todas as suas formas.

Monitoria extrafísica – Condição da assistência de consciexes sadias em favor da conscin equilibrada, quando esta desempenha tarefa da consolação ou do esclarecimento, também equilibrada.

Monodotação consciencial – Vida intrafísica sob a pressão de assédios constantes de seres doentios experienciada pela conscin medíocre, de poucos talentos, sem versatilidade.

Monopensene *(mono + pen + sen + ene)* – O pensene repetitivo; o monoideísmo; a ideia fixa; o eco mental; *re*pensene.

Monotanatose – O mesmo que *dessoma; primeira morte.*

Moréxis (*mor* + *exis*) – Condição da moratória existencial, ou um complemento de vida intrafísica, facultado a determinadas conscins, conforme o seu mérito holocármico. A moréxis pode apresentar uma base deficitária – a menor – minimoréxis; ou superavitária – a maior – maximoréxis, quanto aos resultados da proéxis.

Morfopensene *(morfo + pen + sen + ene)* – O pensamento ou um conjunto de pensamentos quando reunidos e se expressando, de algum modo, como uma *forma*. Expressão arcaica, agora em desuso: *forma-pensamento.* A acumulação de morfopensenes compõe o holopensene.

Multicompléxis *(multi + compl + exis)* – Multicompletismo existencial ou o compléxis obtido através da execução de várias programações existenciais (proéxis) em diversas vidas intrafísicas (seriéxis) consecutivas.

Neofilia – Adaptação fácil da conscin às situações, coisas e acontecimentos novos. Oposto de neofobia.

Neopensene *(neo + pen + sen + ene)* – O pensene da conscin, quando se manifesta através de novas sinapses ou conexões interneuroniais, capaz de criar a recin ou a reciclagem *intra*consciencial; a *unidade de medida* da renovação consciencial, segundo a Conscienciologia, ou, mais apropriadamente, a Conscienciometria.

Ofiex (*ofi* + *ex*) – Oficina extrafísica do epicon intrafísico (praticante da tenepes). Os recursos e *instalações* extrafísicas da ofiex são múltiplos e surpreendentes. Um holopensene domiciliar.

Oniropensene *(oniro + pen + sen + ene)* – O mesmo que patopensene.

Orientador Evolutivo – Consciência coadjutora da coordenação inteligente da proéxis, ou da evolução consciencial de uma ou mais consciências, do mesmo grupocarma. Condição evolutiva entre o ser desperto e o Serenão. O mesmo que *evoluciólogo*.

Ortopensene *(orto + pen + sen + ene)* – O pensene *reto* ou cosmoético, próprio da holomaturidade consciencial; a *unidade de medida* da cosmoética prática, segundo a Conscienciometria.

Pangrafia – Escrita parapsíquica multímoda, abrangente e sofisticada.

Para – Prefixo que significa *além de*, *ao lado de*, como em *paracérebro*. Significa, também, *extrafísico*.

Paracérebro – Cérebro extrafísico do psicossoma da consciência nos estados extrafísico (consciex), intrafísico (conscin) e projetado, quando através do psicossoma.

Paracomatose consciencial – Estado de coma extrafísico da conscin, quando projetada, que permanece invariavelmente inconsciente e, portanto, sem rememorações extrafísicas.

Paradigma consciencial – Teoria-líder da Conscienciologia fundamentada na própria consciência.

Parafisiologia – Fisiologia dos veículos de manifestação da consciência, excluído o corpo humano ou soma. É uma especialidade da Conscienciologia.

Paragenética – A genética adstrita às heranças da consciência, através do psicossoma, da vida anterior ao embrião humano. É uma especialidade da Conscienciologia.

Para-homem – Consciex com visual de homem ou conscin-homem projetada. Expressão sinônima, desgastada e envilecida pelo uso: *entidade espiritual masculina*.

Paramulher – Consciex com visual de mulher ou conscin-mulher projetada. Expressão sinônima, desgastada e envilecida pelo uso: *entidade espiritual feminina*.

Parapatologia – Patologia dos veículos de manifestação da consciência, excluído o corpo humano ou soma. É uma especialidade da Conscienciologia.

Parapensene *(para + pen + sen + ene)* – O pensene específico da consciex ou consciência extrafísica.

Passes-para-o-escuro – Expressão popular para significar a transmissão técnica, diária, de energias conscienciais, ou ECs, por uma conscin, diretamente a consciexes, conscins projetadas, ou no estado da vigília física ordinária, com assistência permanente de amparadores. Expressão técnica: *tenepes (tarefa energética pessoal).*

Patopensene *(pato + pen + sen + ene)* – O pensene patológico ou da amência consciencial; o *pecadilho mental;* a vontade patológica; a intenção doentia; a *ruminação cerebral.*

Pensen *(pen + sen)* – Pensamento e sentimento.

Pensene (*pen + sen + ene*) – Unidade de manifestação prática da consciência, segundo a Conscienciologia, que considera o pensamento ou ideia (concepção), o sentimento ou a emoção, e a EC (energia consciencial) em conjunto, de modo indissociável.

Pensenedor– Instrumento pelo qual a consciência manifesta os seus pensamentos e atos. No caso específico da conscin, o pensenedor fundamental é o soma.

Pensenidade– Qualidade da consciência pensênica de alguém.

Podossoma *(podo + soma)* – O soma considerado especificamente quanto à aplicação dos pés ou o trabalho com os pés, por exemplo, o do jogador de futebol.

Policarma *(poli + carma)* – Princípio de causa e efeito, atuante na evolução da consciência, quando centrado no senso e vivência da maxifraternidade cósmica, além do egocarma e do grupocarma.

Porão consciencial – Fase de manifestação infantil e adolescente da conscin, até chegar ao período da adultidade, caracterizada pelo predomínio dos traf*a*res mais primitivos da consciência multiveicular, multiexistencial e multimilenar.

Pré-casal – Condição inicial, preliminar ou de tateios, da sexualidade humana prática dentro da Socin.

Precognição (Latim: *pre,* antes; *cognoscere,* conhecer) **extrafísica** – Faculdade perceptiva pela qual a consciência, plenamente projetada para fora do corpo humano, fica conhecendo fatos indeterminados vindouros, inclusive objetos, cenas e formas distantes, no tempo futuro.

Precognitarium - Base física preparada tecnicamente para a produção de PCs precognitivas.

Pré-kundalini - Chacra secundário plantar. Há 2 plantochacras no holossoma da conscin. Expressão própria da Conscienciologia.

Pré-serenão - Conscin, ou consciex, que ainda não vive o serenismo lúcido.

Pré-serenão intrafísico alternante - Conscin capaz de viver consciente, ao mesmo tempo, no estado da vigília física ordinária e projetada, de quando em quando, em dimensões extrafísicas.

Primener (*prim* + *ener*) - Primavera energética; condição pessoal, mais ou menos duradoura, de apogeu das ECs sadias e construtivas.

Primener a dois - Primavera energética da dupla evolutiva, cujos parceiros se amam de fato e dominam as aplicações das ECs sadias, com inteira lucidez, construindo as suas proéxis através de gestações conscienciais.

Primopensene (*primo* + *pen* + *sen* + *ene*) - O mesmo que *causa primária do Universo;* o primeiro pensamento que foi composto. Este vocábulo não tem plural.

Princípios pessoais - Conjunto de valores e iniciativas norteadores da vida consciencial, escolhido pela consciência, a partir da holomaturidade, multidimensionalidade e cosmoética vivida.

Proéxis (*pro* + *exis*) - Programação existencial específica de cada conscin em sua seriéxis, no caso, a existência intrafísica.

Proéxis avançada - Programação existencial da conscin, líder evolutiva, dentro de uma tarefa libertária específica do grupocarma, mais universalista e policármica, onde é *mini*peça lúcida e atuante dentro do *maxi*mecanismo da equipe multidimensional.

Projeção consciente (PC) - Projeção da conscin para além do soma; experiência extracorpórea.

Projeção consciente assistida – Aquela pela qual a conscin vê-se assistida durante o experimento, de modo direto, por um amparador, quase sempre perito em projetabilidade lúcida (PL).

Projeção semiconsciente (PSC) – Experiência onírica em que a conscin projetada se reconhece lúcida em parte, de modo desordenado. Não é uma projeção consciencial ideal; sonho lúcido.

Projeciocrítica – Crítica projeciológica. É uma especialidade da Conscienciologia.

Projeciografia – Estudo técnico dos registros projeciológicos. É uma especialidade da Conscienciologia.

Projeciologia (Latim: *projectio,* projeção; grego: *logos,* tratado) – Ciência que estuda as projeções da consciência e seus efeitos, inclusive as projeções das ECs para fora do holossoma. É uma especialidade da Conscienciologia.

Projecioterapia – Ciência das profilaxias e terapias derivadas das pesquisas e técnicas da Projeciologia.

Projetabilidade lúcida (PL) – Qualidade parafisiológica, projetiva, lúcida, da consciência, capaz de descoincidir-se ou tirar os seus veículos de manifestação da condição de alinhamento do holossoma, inclusive através da impulsão da própria vontade.

Projetarium – Base física preparada tecnicamente para a produção das PCs.

Protopensene *(proto + pen + sen + ene)* – O pensene mais rudimentar; o mesmo que fitopensene ou hipopensene.

Psicossoma (Grego: *psyckhé,* alma; *soma,* corpo) – Paracorpo emocional da consciência; o *corpo objetivo* da conscin.

Quirossoma *(quiro + soma)* – O soma considerado especificamente quanto à aplicação das mãos ou o trabalho manual.

Recesso projetivo – Fase existencial da conscin caracterizada pela cessação espontânea – temporária quase sempre – das experiências projetivas lúcidas, dentro de uma sequência de experimentos intensivos.

Recexibilidade – Qualidade da execução intrafísica da recéxis.

Recéxis (*rec* + *exis*) – Técnica da reciclagem existencial executada pela consciência humana.

Reciclante existencial – Conscin que se dispõe a executar a recéxis.

Recin (*reci* + *in*) – A reciclagem intrafísica, existencial, *intra*-consciencial ou a renovação cerebral da conscin através da criação de novas sinapses ou conexões interneuroniais capazes de permitir o ajuste da proéxis, a execução da recéxis, a invéxis, a aquisição de ideias novas, os neopensenes, os hiperpensenes e outras conquistas neofílicas da consciência humana automotivada.

Repensene (*re* + *pen* + *sen* + *ene*) – O pensene repetido. O mesmo que *mono*pensene, ideia fixa ou monoideísmo.

Repercussões parapsicofísicas – Reações entre 2 veículos de manifestação consciencial, durante o ato de entrarem em contato entre si, tanto entre veículos diferentes de 1 consciência, ou entre veículos semelhantes de 2 ou mais consciências. Tais repercussões podem ser intrafísicas e extrafísicas.

Retrocognição (Latim: *retro,* atrás; *cognoscere,* conhecer) – Faculdade perceptiva pela qual a conscin fica conhecendo fatos, cenas, formas, objetos, sucessos e vivências pertencentes ao tempo passado distante, comumente relacionados com a sua holomemória.

Retrocognitarium – Base física preparada tecnicamente para a produção de projeções conscientes (PCs) retrocognitivas.

Retropensene (*retro* + *pen* + *sen* + *ene*) – O pensene específico das autorretrocognições; o mesmo que o *engrama* da Mnemotécnica; a *unidade de medida* das retrocognições, segundo a Conscienciometria.

Robéxis (*rob* + *exis*) – Robotização existencial; condição da conscin troposférica, excessivamente escravizada à intrafisicalidade ou quadridimensionalidade.

Romance extrafísico – Conjunto dos atos pelos quais a conscin namora ou mantém um caso afetivo sadio ou positivo, estando projetada fora do soma.

Sedução energossomática – Ação energética, com intenção dominadora mais ou menos consciente, de uma consciência sobre outra (s).

Sene *(sen + ene)* – Sentimento e energia consciencial.

Serenão – Nome popular do *Homo sapiens serenissimus.*

Serialidade – Qualidade da consciência sujeita às seriéxis.

Seriéxis (*seri* + *exis*) – 1. Seriação existencial evolutiva da consciência; existências sucessivas; renascimentos intrafísicos em série. 2. Vida humana ou intrafísica. Sinônimo desgastado e envilecido pelo uso excessivo para a primeira acepção: *reencarnação;* esta palavra arcaica não mais atinge as pessoas sérias dedicadas às pesquisas de ponta da consciência.

Sexochacra *(sexo + chacra)* – O chacra radical ou sexual básico da consciência humana. Expressão antiga relativa à EC deste chacra: *kundalini (o fogo serpentino).*

Sexopensene *(sexo + pen + sen + ene)* – A fantasia sexual; a *unidade de medida* do adultério mental, segundo a Conscienciometria.

Sexossoma (*sexo* + *soma*) – O soma considerado especificamente quanto ao seu sexo.

Sexossoma feminino afrodisíaco – O soma da mulher, considerado especificamente quanto ao sexo, quando em condições plásticas capazes de atuar como afrodisíaco. Veja *Ginossoma.*

Sexossomática – Estudo específico do soma quanto ao seu sexo, ou sexossoma, e suas relações com a conscin, seja o homem ou a mulher. É uma especialidade da Conscienciologia.

Sinalética parapsíquica – Existência, identificação e emprego autoconsciente dos sinais energéticos, anímicos, parapsíquicos e personalíssimos, ou que toda conscin possui.

Sociex (*soci* + *ex*) – Sociedade Extrafísica ou das consciexes. Plural: sociexes.

Socin (*soci* + *in*) – Sociedade Intrafísica ou das conscins; Sociedade Humana. Plural: Socins.

Soltura do energossoma – Condição de liberdade relativa de atuação do paracorpo energético da conscin, em relação ao psicossoma e ao soma.

Soma - Corpo humano; o corpo do indivíduo do reino *Animal*, filo *Cordata*, classe *Mamíferos*, ordem *Primatas*, família *Hominídia*, gênero *Homo*, espécie *Homo sapiens*, o mais elevado nível de animal sobre este Planeta; apesar do exposto, o veículo mais rústico do holossoma da consciência humana.

Sonho - Estado consciencial natural intermediário entre o estado da vigília física ordinária e o sono natural, caracterizado por um conjunto de ideias e imagens que se apresentam à consciência. O sonho aflitivo que tem como efeitos a agitação, a angústia e a opressão durante o seu desenvolvimento, recebe os nomes de: *pesadelo; terror noturno; alucinação pesadelar.*

Sono - Estado natural de repouso no homem e nos animais superiores que se caracteriza especialmente pela supressão normal e periódica da atividade perceptiva, da motricidade voluntária, e da vida de relação, pelo relaxamento dos sentidos e dos músculos, pela diminuição das frequências circulatória e respiratória, e ainda pela atividade onírica; durante o qual o organismo recupera-se da fadiga.

Subcérebro abdominal - O umbilicochacra (centro de energia consciencial acima do umbigo), quando escolhido inconscientemente pela conscin, ainda de evolução medíocre, para sede de suas manifestações. O cérebro abdominal, *pseudo*cérebro abdominal, ou *sub*cérebro abdominal é a *eminência parda* do cérebro natural, encefálico (coronochacra e frontochacra); um embaraço indefensável na autoevolução consciente.

Subpensene *(sub + pen + sen + ene)* - O pensene carregado pelas energias conscienciais adstritas ao *sub*cérebro abdominal, notadamente do umbilicochacra; a *unidade de medida* do subcérebro abdominal, segundo a Conscienciometria.

Tacon (*ta* + *con*) - Tarefa da consolação, assistencial, pessoal ou grupal, primária.

Taquipensene *(taqui + pen + sen + ene)* - O pensene de fluxo rápido, próprio da conscin taquipsíquica.

Tares (*tar* + *es*) - Tarefa do esclarecimento, assistencial, pessoal ou grupal, avançada. Plural: tarefas do esclarecimento.

Teática (*te* + *ática*) – Vivência conjunta da teoria e da prática por parte da conscin ou da consciex.

Telepensene *(tele + pen + sen + ene)* – O mesmo que homopensene.

Tenepes (*t* + *ene* + *pes*) – Tarefa energética pessoal, diária, multidimensional, com assistência permanente de amparadores, a longo prazo ou para o restante da vida intrafísica. Expressão popular: *passes-para-o-escuro.*

Trafar (*tra* + *far*) – Traço-fardo da personalidade da conscin; componente negativo da estrutura do microuniverso consciencial que a consciência ainda não consegue alijar de si ou desvencilhar-se até o momento.

Trafor (*tra* + *for*) – Traço-força da personalidade da conscin; componente positivo da estrutura do microuniverso consciencial que impulsiona a evolução da consciência.

Tridotação consciencial – Qualidade dos 3 talentos conjugados mais úteis ao conscienciólogo: a intelectualidade, o parapsiquismo e a comunicabilidade; tridotalidade consciencial.

Tritanatose – Desativação e descarte do psicossoma com a entrada da consciência do *Homo sapiens serenissimus* na condição de Consciência Livre (CL); *terceira dessoma.*

Umbilicochacra (*umbilico* + *chacra*) – O chacra umbilical (acima do umbigo) ou relativo à fisiologia e parafisiologia (abdominais) da consciência humana.

Universalismo – Conjunto de ideias derivadas da universalidade das leis básicas da Natureza e do Universo e que, através da evolução natural da consciência, torna-se inevitavelmente, a sua filosofia dominante; cosmismo.

Varejismo consciencial – Sistema primário de comportamento individual caracterizado pela ação através de atos conscienciais menores, isolados e de mínimo resultado produtivo ou efeito evolutivo magno.

Veículo da consciência – Instrumento ou corpo pelo qual a consciência se manifesta na intrafisicalidade (conscin) e nas dimensões extrafísicas (conscin projetada e consciex).

Verbação (*verb* + *ação*) – Interação prática do verbo e da ação no comportamento coerente da consciência; resultado da palavra ratificada pelo exemplo através dos testemunhos vividos pela conscin.

Vínculo consciencial – Ligação cosmoética, autolúcida, voluntária e policármica, entre o voluntário e uma instituição. O vínculo consciencial situa se além do vínculo empregatício.

Vírus da Socin – Qualquer traf*ar* social na vida intrafísica da consciência humana.

Vivência pessoal (**VP**) – Experimentação prática, pessoal, direta, intransferível, da conscin em seu caminho evolutivo.

Xenofrenia (Grego: *xenos,* estranho; *phrem,* mente) – Estado da consciência humana, fora do padrão normal da vigília física ordinária, induzido por agentes físicos, fisiológicos, psicológicos, farmacológicos ou parapsíquicos.

Xenopensene *(xeno + pen + sen + ene)* – O pensene intrusivo do assediador nas ocorrências de intrusão pensênica ou assedialidade; a *cunha mental;* a *unidade de medida* do assédio interconsciencial, segundo a Conscienciometria.

Zoopensene *(zoo + pen + sen + ene)* – O pensene do animal subumano, sem autoconsciencialidade; a *unidade de medida* do princípio consciencial do animal subumano, segundo a Conscienciometria.

Filmes Indicados

Os filmes a seguir (complilados em 1998) são aqui listados como fonte adicional de informação sobre os temas abordados neste livro e também, porque não, como possibilidade de entretenimento.

Filmes podem ser usados como ilustração para certos contextos ou mesmo para inspirar certas ideias ou abordagens. Contudo, a maioria carece de fidedignidade à multidimensionalidade.

Obviamente, o senso artístico, a fantasia, o sensacionalismo, a ignorância e a pressão por grandes bilheterias causam muitas distorções quanto à realidade extrafísica. Mantenha sempre seu senso crítico, discernimento e, inclusive, em alguns deles, sua autodefesa energética.

É importante ressaltar aqui a universalidade dos temas da serialidade, retrocognição, sobrevivência à morte física, e outros assuntos correlatos, conforme representada pela seguinte estatística a respeito da lista de filmes indicados:

Número de filmes: 92

Países de produção: 16 – Alemanha, Argentina, Áustria, Canadá, Dinamarca, EUA, França, Hong Kong, Índia, Inglaterra, Itália, Iugoslávia, Japão, México, Portugal, Suécia.

Idiomas: 11 – alemão, cantonês, espanhol, francês, holandês, inglês, italiano, japonês, português, sérvio e sueco.

Gêneros: 10 – ação, aventura, comédia, crime, drama, ficção científica, infantil, romance, sátira e terror.

Mídias: 5 – cinema–colorido–sonorizado, cinema–preto-e-branco–mudo, cinema–preto-e-branco–sonorizado, TV–colorido, TV–preto-e-branco.

Maior número de refilmagens: 9 – "She"

Ano do filme mais antigo: 1908 – "She"

1. **Adding Machine, The (1969)**

   USA 1969 Colorido

   Produzido por: Regional

   Idioma: Inglês

   Gênero/palavras-chave: Drama / fantasia / assassinato / emprego / pós-vida / cadeira-elétrica / baseado em teatro

   Dirigido por: Jerome Epstein

   Escrito por: Jerome Epstein & Elmer Rice (peça)

2. **Almost an Angel (1990)**

   USA 1990 Colorido

   Produzido por: Ironbark Films

   Idioma: Inglês

   Gênero/palavras-chave: Comédia / anjo

   Duração: USA:96

   Dirigido por: John Cornell

   Elenco: Paul Hogan: Terry Dean; Elias Koteas: Steve; Linda Kozlowski: Rose Garner; Doreen Lang: Mrs. Garner

   Escrito por: Paul Hogan

   Produzido por: John Cornell & Paul Hogan (executivo), Mark Turnbull (adjunto), Kelly Van Horn (linha)

3. **Always the Woman (1922)**

   USA 1922 Branco e Preto

   Produzido por: Betty Compson Productions

   Gênero/palavras-chave: Romance / Drama / reencarnação

   Dirigido por: Arthur Rosson

   Elenco: Betty Compson: Celia Thaxter; Emory Johnson: Herbert Boone; Arthur Delmore: Gregory Gallup

   Escrito por: Arthur Rosson & Perley Poore Sheehan (estória)

4. **Always (1989)**

USA 1989 Colorido (DeLuxe)

Produzido por: Universal Pictures [aka MCA/Universal Pictures] [us] / Amblin Entertainment

Idioma: Inglês

Gênero/palavras-chave: Drama / Romance / anjo da guarda / reencarnação / aviação / fantasia / bombeiros / dor da perda / amor romântico / piloto

Duração: USA:106 / Inglaterra:103 / Países Baixos:121

Dirigido por: Steven Spielberg

Elenco: Richard Dreyfuss: Pete Sandich; Holly Hunter: Dorinda Durston; John Goodman: Al Yackey; Audrey Hepburn: Hap

Escrito por: Chandler Sprague and David Boehm (estória: A Guy Named Joe), Frederick Hazlitt Brennan (adaptação A Guy Named Joe), Dalton Trumbo (roteiro: A Guy Named Joe), Jerry Belson

Produzido por:Kathleen Kennedy, Frank Marshall , Steven Spielberg

Refilmagem de *Guy Named Joe, A (1943)*

5. **Amy and the Angel (1981) (TV)**

USA 1981 Colorido

Gênero/palavras-chave: Aventura / Comédia / pós-vida

Duração: USA:45

Dirigido por: Ralph Rosenblum

Elenco: Jennifer Ashe: Sara; James Earl Jones: The Anjo Gabriel; Matthew Modine: Ralph; Rochelle Oliver: Mrs. York; Meg Ryan: Denise

Escrito por: Bruce Harmon

Produtor Executivo: Frank Doelger

6. **Attack of the Mayan Mummy** (1964)

   USA 1964 Branco e Preto

   Idioma: Inglês

   Gênero/palavras-chave: Terror / múmia

   Duração: USA:70

   Dirigido por: Rafael Portillo & Jerry Warren

   Elenco: Nina Knight; Richard Webb; John Burton

   Escrito por: Guillermo Calderón & Alfredo Salazar (também estória), Jerry Warren

   Produzido por: Guillermo Calderón (versão original), Jerry Warren (versão americana final)

7. **Audrey Rose** (1977)

   USA 1977 Colorido (DeLuxe)

   Produzido por: United Artists [us]

   Idioma: Inglês

   Gênero/palavras-chave: Terror / reencarnação

   Duração: USA:113

   Dirigido por: Robert Wise

   Elenco: Marsha Mason: Janice Templeton; Anthony Hopkins: Elliot Hoover; John Beck : Bill Templeton

   Escrito por: Frank De Felitta (também romance)

   Produzido por: Frank De Felitta & Joe Wizan

8. **Beetlejuice** (1988)

   USA 1988 Colorido (Technicolor)

   Produzido por: Warner Bros. [us] / Geffen Pictures

   Idioma: Inglês

   Gênero/palavras-chave: Comédia / fantasia / fantasma / casa malassombrada / música / surrealista / pós-vida

Duração: USA: 92

Dirigido por: Tim Burton

Elenco: Alec Baldwin: Adam; Geena Davis: Barbara; Annie McEnroe: Jane Butterfield; Michael Keaton: Betelgeuse

Escrito por: Michael McDowell (estória), Warren Skaaren, Larry Wilson (estória)

Produzido por: Eric Anjoson (adjunto), Michael Bender, Richard Hashimoto, Larry Wilson

9. **Belle histoire, La** (1992)

Conhecido também como: *Beautiful Story, The (1992)*

França 1992 Colorido

Produzido por: Les Films 13 [fr] / TF1 Films Productions [fr]

Idioma: Francês

Dirigido por: Claude Lelouch

Escrito por: Claude Lelouch

10. **Between Two Worlds** (1944)

USA 1944 Branco e Preto

Produzido por: Warner Bros. [us]

Idioma: Inglês

Gênero/palavras-chave: Drama / fantasia / pós-vida

Duração: USA:112

Dirigido por: Edward A. Blatt

Elenco: John Garfield: Tom Prior; Paul Henreid: Henry; Sydney Greenstreet: Thompson

Escrito por: Daniel Fuchs, Sutton Vane (peça de Outward Bound)

Produzido por: Mark Hellinger

11. **Beyond Tomorrow** (1940)

USA 1940 Branco e Preto

Produzido por: RKO Radio Pictures

Idioma: Inglês

Gênero/palavras-chave: Romance / natal / fantasia / pós-vida / sentimental

Duração: USA: 84

Dirigido por: A. Edward Sutherland

Elenco: Harry Carey Sr.: George Melton; C. Aubrey Smith: Alan 'Chad' Chadwick; Charles Winninger: Michael O'Brien

Escrito por: Mildred Cram (estória) and Adele Commandini (estória)

Produzido por: Adele Commandini (adjunto), Lee Garmes

12. **Bill & Ted's Bogus Journey** (1991)

Conhecido também como: *Bill and Ted Go to Inferno (1991)*

USA 1991 Colorido

Produzido por: Interscope Communications

Idioma: Inglês

Gênero/palavras-chave: Aventura / Comédia / histórico / sobrenatural / viagem no tempo / pós-vida / Albert Einstein / androide / Ben Franklin / fantasia / paraíso / inferno / demônio / jogo / robô / cabeça sem corpo / marcianos / rock'n'roll / possessão / morte / deus

Duração: USA:98

Dirigido por: Peter Hewitt

Elenco: Keanu Reeves: Ted "Theodore" Logan; Alex Winter: Bill S. Preston/Granny; William Sadler: Grim Reaper

Escrito por: Chris Matheson, Ed Solomon

Produzido por: Paul Aaron (coprodutor), Robert W. Cort (executivo), Stephen Deutsch (coexecutivo), Ted Field (executivo), Rick Finkelstein (executivo), Scott Kroopf, Neil A. Machlis (supervising), Chris Matheson (coprodutor), Ed Solomon (coprodutor), Barry Spikings (executivo), Erwin Stoff (coprodutor), Connie Tavel (coexecutivo)

13. **Bride and the Beast, The (1958)**

Conhecido também como: *Queen of the Gorillas (1958)*

USA 1958 Branco e Preto

Produzido por: Allied Artists Pictures Corporation [us]

Idioma: Inglês

Gênero/palavras-chave: Terror / gorila / reencarnação

Duração: USA:78

Dirigido por: Adrian Weiss

Elenco: Charlotte Austin: Laura; Lance Fuller: Dan Fuller; Johnny Roth: Taro

Escrito por: Adrian Weiss (estória), Edward D. Wood Jr.

Produzido por: Adrian Weiss, Louis Weiss

14. **Bröderna Lejonhjärta (1977)**

Conhecido também como: *Brothers Lionheart, The (1977)*

Suécia 1977 Colorido (Eastmancolor)

Produzido por: Artfilm / Svensk Filmindustri (SF)

Idioma: Sueco

Gênero/palavras-chave: Aventura / Infantil / pós-vida / lenda / baseado em livro

Duração: Suécia:102

Dirigido por: Olle Hellbom

Elenco: Staffan Götestam: Jonatan; Lars Söderdahl: Skorpan; Allan Edwall: Mattias

Escrito por: Astrid Lindgren (também novela)

Produzido por: Olle Hellbom, Olle Nordemar

15. Bunker Bean (1936)

USA 1936 Branco e Preto

Produzido por: RKO Radio Pictures

Idioma: Inglês

Gênero/palavras-chave: baseado em livro

Duração: USA:67

Conhecido também como: *His Majesty Bunker Bean (1936)*

Dirigido por: William Hamilton ; Edward Killy

Elenco: Owen Davis Jr.: Bunker Bean; Louise Latimer: Mary Kent; Robert McWade: J.C. Kent

Escrito por: Lee Wilson Dodd (peça), James Gow, Edmund H. North, Harry Leon Wilson (livro), Dorothy Yost

Produzido por: William Sistrom

Refilmagem de *His Majesty, Bunker Bean (1918)*

16. Buried Treasure (1921)

USA 1921 Branco e Preto

Produzido por: Cosmopolitan Pictures

Idioma: Inglês

Gênero/palavras-chave: Aventura / fantasia

Dirigido por: George D. Baker

Elenco: Marion Davies: Pauline Vandermuellen; Norman Kerry: Dr. John Grant; Anders Randolf: William Vandermuellen

Escrito por: George D. Baker

17. **Casper (1995)**

USA 1995 Colorido (DeLuxe)

Produzido por: Universal Pictures [aka MCA/Universal Pictures] [us] / Amblin Entertainment / The Harvey Entertainment Company

Idioma: Inglês

Gênero/palavras-chave: Aventura / fantasia / fantasma / animação computadorizada / baseado em revista em quadrinhos

Duração: USA:101 / Inglaterra:100 / Alemanha:100

Dirigido por: Brad Silberling

Elenco: Christina Ricci: Kat; Bill Pullman: Dr. Harvey

Escrito por: Joseph Oriolo (livro Casper, the Friendly Fantasma), Seymour Reit (livro Casper, the Friendly Fantasma), Sherri Stoner, Deanna Oliver

Produzido por: Paul Deason (adjunto), Jeff Franklin (coprodutor), Gerald R. Molen (executivo), Jeffrey A. Montgomery (executivo), Steven Spielberg (executivo), Steve Waterman (coprodutor), Colin Wilson

Versão de *Casper the Friendly Ghost (1945)*

18. **Chances Are (1989)**

USA 1989 Colorido (Technicolor)

Produzido por: TriStar Pictures

Idioma: Inglês

Gênero/palavras-chave: Comédia / Romance / reencarnação / título baseado em canção

Duração: USA:108

Dirigido por: Emile Ardolino

Elenco: Cybill Shepherd: Corinne Jeffries; Robert Downey Jr.: Alex Finch; Ryan O'Neal: Philip Train

Escrito por: Perry Howze & Randy Howze

Produzido por: Leslie Benziger (adjunto), Andrew Bergman (executivo), Mike Lobell, Neil A. Machlis (executivo)

19. **Cleo/Leo** (1989)

USA 1989 Colorido

Produzido por: DB Media / Platinum Pictures

Idioma: Inglês

Gênero/palavras-chave: Comédia / troca de sexo / transsexual / reencarnação

Dirigido, escrito e produzido por: by Chuck Vincent

Refilmado como *Switch (1991)*

20. **Creature of Destruction** (1967)

USA 1967 Colorido

Produzido por: Azalea Pictures

Idioma: Inglês

Gênero/palavras-chave: Terror / Ficção científica / monstro / hipnose / assassinato / reencarnação

Duração: USA:80

Dirigido por: Larry Buchanan

Elenco: Les Tremayne: Dr. John Basso; Aron Kincaid: Captain Theodore Dell; Pat Delaney: Doreena

Escrito por: Enrique Touceda

Produzido por: Larry Buchanan

Refilmagem de *She Creature, The (1957)*

21. **Crowhaven Farm** (1970) (**TV**)

USA 1970 Colorido

Produzido por: Aaron Spelling Productions, Inc. [us]

Idioma: Inglês

Gênero/palavras-chave: Drama / reencarnação

Duração: USA:74

Dirigido por: Walter Grauman

Elenco: Hope Lange: Maggie Porter; Paul Burke: Ben Porter; Lloyd Bochner: Kevin Pierce; John Carradine: Nate Cheever

Escrito por: John McGreevey

Produzido por: Walter Grauman, John McGreevey (adjunto), Aaron Spelling (executivo)

22. **Cyberella: Forbidden Passions** (1996)

USA 1996 Colorido

Produzido por: A Section 8 Production / Twilight Entertainment, Inc. / Section 8 Production

Idioma: Inglês

Gênero/palavras-chave: Ficção científica / romance / virtuosidade / erotismo / realidade virtual / pós-vida

Duração: USA:87

Conhecido também como: *Forbidden Passions (1996)*

Dirigido por: Jackie Garth

Elenco: Debra K. Beatty: Mara; Marshall Hilliard: Bob; Rebecca Taylor : Amy

Escrito por: Randy Fontana

Produzido por: Alan B. Bursteen (executivo) Suzi Mealing

23. **Daibyonin** (1993)

Japão 1993 Colorido

Idioma: Japonês

Gênero/palavras-chave: pós-vida / câncer / tragicomédia

Duração: Japão:116 / Alemanha:115

Conhecido também como: *Last Dance, The (1993)*

Dirigido por: Juzo Itami

Produzido por: Yasushi Tamaoki

24. **Dead Again** (1991)

USA 1991 Branco e Preto (Technicolor) / Colorido (Technicolor)

Produzido por: Mirage / Paramount Pictures [us]

Idioma: Inglês

Gênero/palavras-chave: Drama / mistério / romance / suspense / assassinato / psicoanálise / 1940s / repórter / escândalo / casamento / compositor / retrospectiva / Hollywood / hipnose / Los Angeles / múltiplos tempos / paixão / detetive particular / reencarnação / tesoura / sobrenatural / amnésia / cigarros

Duração: USA:107

Dirigido por: Kenneth Branagh

Elenco: Kenneth Branagh: Mike Church/Roman Strauss; Andy Garcia: Gray Baker; Emma Thompson: Amanda "Grace" Sharp/Margaret Strauss

Escrito por: Scott Frank

Produzido por: Lindsay Doran, Dennis Feldman (coprodutor), Charles H. Maguire, Sydney Pollack (executivo)

25. **Deadly Messages** (1985) (TV)

USA 1985 Colorido (Metrocolor)

Produzido por: Columbia Pictures Television [us]

Idioma: Inglês

Gênero/palavras-chave: Suspense / oui-ja

Dirigido por: Jack Bender

Elenco: Kathleen Beller: Laura Daniels; Michael Brandon: Michael Krasnick; Dennis Franz: Detective Max Lucas

Escrito por: William Bleich

Produzido por: Paul Pompian

26. **Defending Your Life** (1991)

USA 1991 Colorido (Technicolor)

Produzido por: Warner Bros. [us]

Idioma: Inglês

Gênero/palavras-chave: Comédia / Romance / pós-vida / fantasia

Duração: USA:112

Dirigido por: Albert Brooks

Elenco: Albert Brooks: Daniel Miller; Michael Durrell: Agency Head; James Eckhouse: Jeep Owner

Escrito por: Albert Brooks

Produzido por: Robert Grand (coprodutor) Michael Grillo – Herb Nanas (executivo)

27. **Demonsoul** (1994)

Inglaterra / USA 1994 Colorido

Produzido por: Vista Street Entertainment / Gothic Films [uk]

Gênero/palavras-chave: Terror / lesbianismo / vampirismo

Duração: Inglaterra:81

Dirigido por: Elisar Cabrera (as Elisar C. Kennedy)

Elenco: Suzanne Ballantyne: The Psychiatrist; Mayumi Cabrera: Annie; Graham Fletcher-Cook: Mr. Newman; Kerry Norton: Erica Steele

Escrito por: Elisar Cabrera

Produzido por: Elisar Cabrera (as Elisar C. Kennedy), Matt Devlen, Gerald Feifer, Daniel Figuero

28. **Devi** (1960)

India 1960

Gênero/palavras-chave: Drama / reencarnação / religião / superstição

Duração: India:93

Conhecido também como: *Goddess, The (1960)*

Dirigido por: Satyajit Ray

Elenco: Chhabi Biswas: Kalikinkar Roy; Soumitra Chatterjee: Umaprasad, Sharmila Tagore: Doyamoyee

Escrito por: Prabhat Mukherjee (estória) Satyajit Ray

29. **Demon and Max Devlin, The** (1981)

USA 1981 Colorido

Produzido por: Walt Disney Productions (aka Walt Disney Pictures) [us]

Idioma: Inglês

Gênero/palavras-chave: Comédia / pós-vida / negociando com o demônio / sobrenatural

Dirigido por: Steven Hilliard Stern

Elenco: Elliott Gould: Max Devlin; Bill Cosby: Barney Satin; Susan Anspach: Penny Hart

Escrito por: Mary Rodgers (estória) and Jimmy Sangster (estória) Mary Rodgers

Produzido por: Jerome Courtland Ron Miller (executivo)

30. **Eternity** (1989)

USA 1989 Colorido

Produzido por: Home Box Office (HBO) [us]

Idioma: Inglês

Gênero/palavras-chave: Drama

Duração: USA:110

Dirigido por: Steven Paul

Elenco: Jon Voight: James/Edward; Armand Assante: Sean/Roni; Eileen Davidson: Valerie/Dahlia

Escrito por: Dorothy Koster Paul, Steven Paul, Jon Voight

31. Extraño Retorno de Diana Salazar, El (1988)

México [Série de TV] 1988

Produzido por: Televisa, S.A.

Idioma: Espanhol

Gênero/palavras-chave: Romance / Drama / novela / reencarnação / telecinese

Duração: México:60

32. "Extreme Ghostbusters" (1997)

USA [Série de TV] 1997 Colorido

Produzido por: Columbia Pictures Television [us] / Adelaide Productions, Inc

Idioma: Inglês

Gênero/palavras-chave: Com animação / Infantil / caça-fantasma / baseado em filme / fantasma / paranormal / Comédia

Duração: Inglaterra:23

Dirigido por: Chris Berkeley, Alan Caldwell, Chris Dozois, Tim Eldred, Bob Fuentes, Gloria Jenkins, Sam Liu, Audu Paden, Scott Wood

Elenco: Tara Charendoff: Kylie Griffin (voz); Maurice LaMarche: Egon Spengler (voz); Jason Marsden: Garrett Miller (voz)

Produzido por: Monique Beatty (adjunto) Duane Capizzi, Daniel Goldberg (executivo), Jeff Kline (supervisor), Joe Medjuck (executivo), Audu Paden, Richard Raynis (executivo)

Outros: Dan Aykroyd: criação dos personagens; Fil Barlow: criaturas e personagens

Extraído de *Real Ghostbusters, The (1986)*

33. **Face of the Screaming Werewolf** (1964)

USA 1964 Branco e Preto

Idioma: Inglês

Gênero/palavras-chave: Terror / lobisomem

Duração: USA:60

Dirigido por: Rafael López Portillo

Escrito por: Fernando de Fuentes

Produzido por: Jerry Warren

34. **Fluke** (1995)

USA 1995 Colorido (DeLuxe)

Produzido por: Rocket Pictures / MGM (Metro-Goldwyn-Mayer) [MGM-UA] [us]

Idioma: Inglês

Gênero/palavras-chave: Drama / baseado em livro / animal / reencarnação

Duração: USA:96

Dirigido por: Carlo Carlei

Elenco: Samuel L. Jackson: Rumbo (voz); Matthew Modine: Thomas Johnson/Voice of Fluke, Nancy Travis: Carol Johnson

Escrito por: James Herbert (livro), Carlo Carlei & James Carrington

Produzido por: Tom Coleman (executivo), Terri Ferraro (adjunto), Paul Maslansky, Lata Ryan, Jon Turtle (executivo)

35. **Ghost** (1990)

USA 1990 Colorido (Technicolor)

Produzido por: Paramount Pictures [us]

Idioma: Inglês

Gênero/palavras-chave: Comédia / Romance / suspense / amor / Manhattan / New-York / possessão / pós-vida / fantasma / assassinato / sobrenatural

Duração: USA:128 / Suécia:127

Dirigido por: Jerry Zucker

Elenco: Patrick Swayze: Sam Wheat; Demi Moore: Molly Jensen; Vincent Schiavelli: Subway Fantasma; Whoopi Goldberg: Oda Mae Brown

Escrito por: Bruce Joel Rubin

Produzido por: Steven-Charles Jaffe (executivo), Bruce Joel Rubin (adjunto), Lisa Weinstein

36. **Goodbye Charlie** (1964)

USA 1964 Colorido

Produzido por: 20th Century Fox [us]

Idioma: Inglês

Gênero/palavras-chave: Comédia / baseado em teatro / reencarnação / troca de sexo

Duração: USA:116

Dirigido por: Vincente Minnelli

Elenco: Pat Boone: Bruce; Ellen Burstyn: Franny; Tony Curtis: George Tracy

Escrito por: George Axelrod (peça)

37. **Happy Days** (1995)

Suécia 1995 Colorido

Produzido por: Svenska Filminstitutet (SFI) / Göteborg Film Festival / Sveriges Television

Idioma: Sueco

Gênero/palavras-chave: Drama / pós-vida / morte / acidente de trânsito / funeral

Duração: Suécia:12

Dirigido por: Lisa Ohlin

Elenco: Jessica Liedberg: Kia; Elisabet Svensson; Mats Flink

Escrito por: Lisa Ohlin / Kjell Sundstedt

38. Heart and Souls (1993)

USA 1993 Colorido (DeLuxe)

Produzido por: Universal Pictures [aka MCA/Universal Pictures] [us] / Alphaville Films / Stampede Entertainment

Idioma: Inglês

Gênero/palavras-chave: Comédia / fantasia / vida após a morte / reencarnação

Duração: USA:93

Dirigido por: Ron Underwood

Elenco: Robert Downey Jr.: Thomas Reilly; Charles Grodin: Harrison Winslow; Alfre Woodard: Penny Washington

Escrito por: Gregory Hansen (estória), Erik Hansen (estória), and Brent Maddock (estória), S.S. Wilson (estória), Brent Maddock & S.S. Wilson and Gregory Hansen & Erik Hansen

Produzido por: Cari-Esta Albert (executivo), Dixie J. Capp (adjunto), Sean Daniel, Erik Hansen (coprodutor), Gregory Hansen (coprodutor), James Jacks (executivo), Dirk Petersman (line), Nancy Roberts

39. Heaven Can Wait (1943)

USA 1943 Colorido (Technicolor)

Produzido por: 20th Century Fox [us]

Idioma: Inglês

Gênero/palavras-chave: Comédia / Romance / pós-vida

Duração: USA:112

Dirigido por: Ernst Lubitsch

Elenco: Gene Tierney: Martha; Don Ameche: Henry Van Cleve; Charles Coburn: Hugo Van Cleve

Escrito por: Leslie Bush-Fekete (play Birthday) Samson Raphaelson

Produzido por: Ernst Lubitsch

40. Heaven Can Wait (1978)

USA 1978 Colorido

Produzido por: Paramount Pictures [us]

Idioma: Inglês

Gênero/palavras-chave: Comédia / basedo em teatro / reencarnação

Duração: USA:101

Dirigido por: Warren Beatty / Buck Henry

Elenco: Warren Beatty: Joe Pendleton/Leo Farnsworth/Tom Jarrett; Julie Christie: Betty Logan; James Mason: Mr. Jordan

Escrito por: Warren Beatty, Elaine May, Harry Segall (peça), Robert Towne (uncredited)

Produzido por: Warren Beatty, Howard W. Koch Jr., Charles McGuire

Refilmagem de *Here Comes Mr. Jordan (1941)*

41. Heaven (1987)

USA 1987 Colorido

Produzido por: Columbia Pictures Corporation [us]

Idioma: Inglês

Gênero: Documentário

Dirigido por: Diane Keaton

Escrito por: Diane Keaton

42. **Oh, Heavenly Dog!** (1980)

USA 1980 Colorido (DeLuxe)

Produzido por: 20th Century Fox [us] / Mulberry Square

Idioma: Inglês

Gênero/palavras-chave: Comédia / crime / cão / detetive particular / reencarnação

Dirigido por: Joe Camp

Elenco: Chevy Chase: Browning; Jane Seymour: Jackie; Omar Sharif: Bart

Escrito por: Rod Browning

Produzido por: Joe Camp, Dan Witt (adjunto)

43. **Hi Honey – I'm Dead** (1991) (TV)

USA 1991 Colorido

Produzido por: FNM Films

Idioma: Inglês

Gênero/palavras-chave: Comédia / reencarnação

Dirigido por: Alan Myerson

Elenco: Curtis Armstrong: Arnold Pischkin; Catherine Hicks: Carol; Kevin Conroy: Brad Stadler

Escrito por: Carl Kleinschmitt

Produzido por: Paul Rudnick

44. **Impure Thoughts** (1985)

USA 1985 Colorido

Idioma: Inglês

Gênero: Comédia

Duração: USA:87

Dirigido por: Michael A. Simpson

Elenco: Brad Dourif; Stan Wakefield: Quarterback

Produzido por: Robert F. Phillips (adjunto), William Vanderkloot

45. **Indien (1993)**

Áustria 1993 Colorido (Fujicolor)

Produzido por: Dor Film [at] / DOR FILM Produktionsgesellschaft GmbH

Idioma: Alemão

Gênero/palavras-chave: Comédia / câncer / amizade / reencarnação / caminho

Duração: Alemanha:90

Conhecido também como: India (1993) (título Inglês)

Dirigido por: Paul Harather

Elenco: Josef Hader: Heinzi Bösel; Alfred Dorfer: Kurt Fellner; Maria Hofstätter: Kirchnerwirtin

Escrito por: Josef Hader (peça), and Alfred Dorfer (peça), Paul Harather, Josef Hader, Alfred Dorfer

Produzido por: Milan Dor, Danny Krausz

46. **Kaos (1984)**

Itália 1984 Colorido

Produzido por: Filmtre

Idioma: Italiano

Duração: Inglaterra:188

Conhecido também como: *Chaos (1984)* (título nos EUA)

Dirigido por: Paolo Taviani / Vittorio Taviani

Elenco: Margarita Lozano: Maragrazia; Claudio Bigagli: Bata; Omero Antonutti: Pirandello

Escrito por: Luigi Pirandello (stories), Paolo Taviani, Vittorio Taviani

Produzido por: Guiliani G. De Negri

47. **Little Buddha (1993)**

USA 1993 Colorido (Technicolor)

Produzido por: CiBy 2000

Idioma: Inglês

Gênero/palavras-chave: Drama / budismo / reencarnação / religião

Duração: Inglaterra:140

Dirigido por: Bernardo Bertolucci

Elenco: Keanu Reeves: Siddhartha; Ruocheng Ying: Lama Norbu; Chris Isaak: Dean Conrad; Bridget Fonda: Lisa Conrad

Escrito por: Bernardo Bertolucci (estória), Mark Peploe, Rudy Wurlitzer

Produzido por: Francis Bouyges

48. **Love of Sunya, The (1927)**

USA 1927 Branco e Preto

Produzido por: Gloria Swanson Pictures Corporation

Idioma: Inglês

Gênero/palavras-chave: Drama / ocultismo / reencarnação

Duração: USA:78

Dirigido por: Albert Parker

Elenco: John Boles: Paul Judson; Pauline Garon: Anna Hagan; Ian Keith : Louis Anthony

Escrito por: Max Marcin (peça The Eyes of Youth), Charles Guernon (peça The Eyes of Youth), Earle Browne (adaptação), Cosmo Hamilton (títulos), Lenore J. Coffee

Produzido por: Gloria Swanson

Refilmagem de *Eyes of Youth (1919)*

49. **Makai tensho (1981)**

Japão 1981 Colorido

Produzido por: Toei

Idioma: Japonês

Gênero/palavras-chave: Ação / vingança / espada / reencarnação / samurai

Duração: Japão:122

Conhecido também como: Samurai Reincarnation (1981)

Dirigido por: Kinji Fukasaku

Escrito por: Futaro Yamada (livro)

Produzido por: Haruki Kadokawa (executivo)

50. **Maldición de la momia azteca, La** (1957)

México 1957 Branco e Preto

Produzido por: Cinematografica Calderon, S.A.

Idioma: Espanhol

Gênero/palavra-chave: Terror / múmia

Duração: México:65

Conhecido também como: *Curse of the Aztec Mummy, The (1957)*

Dirigido por: Rafael Portillo

Escrito por: Guillermo Calderón, Alfredo Salazar

Produzido por: Guillermo Calderón

51. **Man from Beyond, The** (1922)

USA 1922 Branco e Preto

Produzido por: Houdini Picture Corporation

Gênero/palavra-chave: Mistério / reencarnação

Dirigido por: Burton L. King

Elenco: Harry Houdini: The Man From Beyond; Arthur Maude: Dr. Gilbert Trent; Albert Tavernier: Dr. Crawford Strange

Escrito por: Harry Houdini (estória), Coolidge Streeter (adaptação)

52. **Manika, une vie plus tard (1988)**

França 1988 Colorido (Fujicolor)

Produzido por: Filmtel, Colombo, Ceylan / Himalaya Productions, Kathmandu, Nepal / Labrador Film

Idioma: Francês

Gênero/palavras-chave: catolicismo / hinduismo / reencarnação

Duração: França:106

Dirigido por: François Villiers

Elenco: Ayesha Dharker: Manika Kallatil; Julian Sands: Père Daniel Mahoney; Stéphane Audran: Soeur Amanda

Escrito por: Jean-Pierre Gibrat, Brian Phelan, François Villiers

Produzido por: Raoul Katz

53. **Manitou, The (1978)**

USA 1978 Colorido

Idioma: Inglês

Gênero/palavras-chave: Terror / sobrenatural

Dirigido por: William Girdler

Elenco: Tony Curtis: Harry Erskine; Susan Strasberg: Karen Tandy; Michael Ansara: Singing Rock

Escrito por: Jon Cedar, William Girdler, Graham Masterton (livro), Tom Pope

54. **Matter of Life and Death, A (1946)**

Inglaterra 1946 Branco e Preto / Colorido (Technicolor)

Produzido por: J. Arthur Rank Films / The Archers

Idioma: Inglês

Gênero/palavras-chave: Romance / guerra / câmera-escura / pós-vida / realismo místico / Drama / surrealista

Duração: Inglaterra:104

Conhecido também como: *Stairway to Heaven (1946)* (título americano)

Dirigido por: Michael Powell / Emeric Pressburger

Elenco: David Niven: Squadron Leader Peter D. Carter; Kim Hunter : June; Robert Coote: Bob Trubshaw; Kathleen Byron: Anjo

Escrito por: Michael Powell, Emeric Pressburger

Produzido por: George R. Busby (assistente), Michael Powell, Emeric Pressburger

55. **Momia Azteca, La** (1957)

México 1957 Branco e Preto

Produzido por: Cinematografica Calderon, S.A.

Idioma: Espanhol

Gênero/palavras-chave: Terror / múmia

Duração: México:80

Conhecido também como: *Aztec Mummy, The (1957); Attack of the Aztec Mummy (1957); Momia, La (1957)*

Dirigido por: Rafael Portillo

Elenco: Ramón Gay: Dr. Almada; Rosa Arenas: Flor; Luis Aceves Castañeda: Dr. Krup

Escrito por: Guillermo Calderón, Alfredo Salazar

Produzido por: Guillermo Calderón

Versão de *Attack of the Mayan Mummy (1964)*

56. **Mortinho por Chegar a Casa** (1996)

Ninguém pode vê-lo, ninguém pode ouvi-lo e ele está...

Portugal / Países Baixos 1996 Colorido

Produzido por: Europa 7 Filme / Dutch Film Fund / European Script Fund / Instituto Português da Arte

Idioma: Holandês / Português / Inglês

Gênero/palavras-chave: Comédia / pós-vida / sonhos / fantasma

Conhecido também como: Corvos de São Vicente, Os (1996); *Dying to Go Home (1996)*

Dirigido por: Carlos da Silva / George Sluizer

Elenco: Diogo Infante: Manuel Espírito Santo; Maria d'Aires: Júlia Espírito Santo; Huub Stapel: Joris

Escrito por: Jennifer Field, Carlos da Silva (também estória), George Sluizer (additional dialogue)

Produzido por: Jennifer Field (adjunto), Anne Lordon (executivo), Dirk Schreiner (*delegate*), Carlos da Silva, George Sluizer

57. Mummy, The (1932)

USA 1932 Branco e Preto

Produzido por: Universal Pictures [aka MCA/Universal Pictures] [us]

Idioma: Inglês

Gênero/palavras-chave: Terror / romance / clássico / múmia / monstro / arquelogia / retrospectiva

Duração: USA:72

Conhecido também como: *Cagliostro (1932); King of the Dead (1932); Im-Ho-Tep (1932)*

Dirigido por: Karl Freund

Elenco: Boris Karloff: Imhotep/Ardath Bey; Zita Johann: Helen Grosvenor/The Princess; David Manners: Frank Whemple

Escrito por: John L. Balderston, Nina Wilcox Putnam (estória), Richard Schayer (estória)

Produzido por: Stanley Bergerman (adjunto) Carl Laemmle Jr.

Refilmado como *Mummy, The (1998)*

58. "My Mother the Car" (1965)

USA [Série de TV] 1965-1966

Idioma: Inglês

Gênero/palavra-chave: Comédia / carro automático

Duração: USA:30

Elenco: Cindy Eilbacher: Cindy Crabtree; Maggie Pierce: Barbara Crabtree; Avery Schreiber: Capt. Mancini

59. **No te mueras sin decirme adónde vas** (1995)

Argentina 1995 Branco e Preto / Colorido

Produzido por: INCAA Production / ARTEAR

Idioma: Espanhol

Gênero/palavras-chave: Drama / sonhos / filmes / reencarnação / espiritualidade

Duração: Argentina:130 / Espanha:120

Conhecido também como: *Don't Die Without Telling Me Where You're Going (1995)*

Dirigido por: Eliseo Subiela

Elenco: Darío Grandinetti: Leopoldo; Mariana Arias: Rachel; Oscar Martinez: Oscar

Escrito por: Eliseo Subiela

Produzido por: Damian Kirzner (executivo), Maria Elena Mitre (adjunto), Jorge Rocca, Susana Serebrenik (adjunto)

60. **On a Clear Day You Can See Forever** (1970)

USA 1970 Colorido

Produzido por: Paramount Pictures [us]

Idioma: Inglês

Gênero/palavras-chave: Comédia / musical / hipnose / psicoanálise / reencarnação / ESP

Duração: USA:129

Dirigido por: Vincente Minnelli

Elenco: Barbra Streisand: Daisy Gamble; Yves Montand: Dr. Marc Chabot; Bob Newhart: Dr. Mason Hume

Escrito por: Alan Jay Lerner (peça)

Produzido por: Howard W. Koch

61. On Borrowed Time (1939)

USA 1939 Branco e Preto

Produzido por: MGM (Metro-Goldwyn-Mayer) [MGM-UA] [us]

Idioma: Inglês

Gênero/palavras-chave: Comédia / Drama / baseado em livro / pós-vida / baseado em peça de teatro / morte / conto de fadas / fantasia

Duração: USA:99

Dirigido por: Harold S. Bucquet

Elenco: Lionel Barrymore: Julian Northrup (Gramps); Cedric Hardwicke: Mr. Brink; Beulah Bondi: Nellie (Granny)

Escrito por: Alice D.G. Miller, Frank O'Neil, Paul Osborn (peça), Lawrence Edward Watkin (livro), Claudine West

Produzido por: Sidney Franklin

62. Out on a Limb (1987) (TV)

USA 1987 Colorido

Idioma: Inglês

Gênero/palavras-chave: Drama / baseado em livro / autobiográfico / metafísico / *new-age* / reencarnação / Peru

Duração: USA:235

Dirigido por: Robert Butler

Elenco: Shirley MacLaine: Shirley MacLaine; Charles Dance: Gerry Stamford; John Heard: David Manning

Escrito por: Colin Higgins, Shirley MacLaine

Produzido por: Colin Higgins, Stan Margulies

63. **Reincarnation of Peter Proud, The** (1975)

USA 1975 Colorido

Idioma: Inglês

Gênero/palavras-chave: Mistério / terror / reencarnação

Duração: 104

Dirigido por: J. Lee Thompson

Elenco: Michael Sarrazin: Peter Proud; Jennifer O'Neill : Ann Curtis; Margot Kidder: Marcia Curtis

Escrito por: Max Ehrlich

Produzido por: Charles A. Pratt (executivo), Frank P. Rosenberg

64. **Return of Chandu, The** (1934/I)

USA 1934 Branco e Preto

Produzido por: Principal Pictures Corp.

Idioma: Inglês

Gênero/palavras-chave: Terror / seriado / fantasia / baseado em teatro

Duração: USA:208 (12 capítulos)

Conhecido também como: *Return of Chandu the Magician, The (1934)* (título de video); *Chandu's Return (1934)*

Dirigido por: Ray Taylor

Elenco: Béla Lugosi: Frank Chandler (Chandu the Magician); Maria Alba: Princess Nadji; Murdock MacQuarrie: Voice of Ubasti

Escrito por: Barry Barringer, Harry A. Earnshaw (peça), R.R. Morgan (peça), Vera M. Oldham (peça)

Produzido por: Sol Lesser

Editado em *Return of Chandu, The (1934/II); Chandu on the Magic Island (1935)*

65. **Return of Chandu, The** (1934/II)

USA 1934 Branco e Preto

Produzido por: Principal Pictures Corp.

Idioma: Inglês

Gênero/palavra-chave: Aventura / fantasia

Duração: USA:65

Dirigido por: Ray Taylor

Elenco: Béla Lugosi: Frank Chandler (Chandu); Maria Alba: Princess Nadji; Lucien Prival: Vindhyan

Escrito por: Barry Barringer

Editado de *Return of Chandu, The (1934/I)*

66. **Return** (1985)

USA 1985 Colorido

Idioma: Inglês

Gênero/palavra-chave: suspense / paranormal

Duração: Alemanha:78

Conhecido também como: *Return: A Case of Possession (1985)*

Dirigido por: Andrew Silver

Escrito por: Andrew Silver

Produzido por: Yong-Hee Silver, Philip J. Spinelli

67. **"Riget"** (1994) (**mini**)

Dinamarca / França / Alemanha / Suécia [Série de TV] 1994 Colorido

Produzido por: Danmarks Radio (DR)

Gênero/palavras-chave: Terror / fantasma / hospital / médico / reencarnação / sátira

Duração: Dinamarca:280 / USA:279

Conhecido também como: *Kingdom, The (1994)* (mini)

Dirigido por: Morten Arnfred / Lars von Trier

Elenco: Otto Brandenburg: Hansen; Laura Elisabeth Christensen: Mona; Holger Juul Hansen: Moesgaard

Escrito por: Thomas Gíslason, Lars von Trier, Niels Vorsel

Produzido por: Sven Abrahamsen, Philippe Bober, Peter Aalbæk Jensen, Ole Reim, Ib Tardini

68. Sabirni Centar (1988)

Iugoslávia 1988 Colorido

Idioma: sérvio

Gênero/palavra-chave: Comédia / pós-vida

Dirigido por: Goran Markovic

Escrito por: Dusan Kovacevic

69. Search for Bridey Murphy, The (1956)

USA 1956 Branco e Preto

Produzido por: Paramount Pictures [us]

Idioma: Inglês

Gênero/palavras-chave: hipnose / reencarnação

Dirigido por: Noel Langley

Elenco: Teresa Wright: Ruth Simmons; Louis Hayward: Morey Bernstein; Nancy Gates: Hazel Bernstein

Escrito por: Morey Bernstein (livro) Noel Langley

Produzido por: Pat Duggan

70. "Seeing Things" (1979)

Canadá 1979 Colorido [Série de TV]

Produzido por: Canadian Broadcasting Corporation (CBC) [ca]

Idioma: Inglês

Gênero/palavras-chave: Mistério / comédia / parapsíquico

71. Seven Years in Tibet (1997)

USA 1997 Colorido (Technicolor)

Produzido por: TriStar Pictures / Applecross / Reperage & Vanguard Films / Mandalay Entertainment

Idioma: Inglês

Gênero/palavras-chave: Guerra / Drama / mandala / traição / budismo / esqui no gelo / escalada / egoísmo / amizade / apego / choque cultural / estrangeiro / histórico / divórcio / Dalai-lama / violência / biográfico / professor-aluno / envenenamento por alimento / não-violência / campo de concentração / baseado em caso real / fuga / religião / político

Duração: USA:139

Dirigido por: Jean-Jacques Annaud

Elenco: Brad Pitt: Heinrich Harrer; David Thewlis: Peter Aufschnaiter; B.D. Wong: Ngawang Jigme; Mako: Kungo Tsarong

Escrito por: Heinrich Harrer (livro) Becky Johnston

Produzido por: Jean-Jacques Annaud, Michael Besman (executivo), Richard N. Goodwin (executivo), David Nichols (executivo), Iain Smith, Alisa Tager (adjunto), John H. Williams

72. "Shades of LA" (1990)

USA [Série de TV] 1990 Colorido

Idioma: Inglês

Elenco: Warren Berlinger: The Lieutenant; John D'Aquino: Det. Michael Burton

73. She (1908)

USA 1908 Branco e Preto

Produzido por: Edison Company

Idioma: Inglês

Gênero/palavra-chave: fantasia / baseado em livro

Dirigido por: Edwin S. Porter

Escrito por: H. Rider Haggard (livro)

Versão de *She (1911); She (1916); She (1917); She (1925); She (1935); She (1965); S*H*E (1980) (TV); She (1985)*

74. She (1911)

USA 1911 Branco e Preto

Idioma: Inglês

Gênero/palavra-chave: fantasia / baseado em livro

Elenco: James Cruze; Marguerite Snow

Escrito por: H. Rider Haggard (livro)

Versão de *She (1908); She (1916); She (1917); She (1925); She (1935); She (1965); S*H*E (1980) (TV); She (1985)*

75. She (1916)

Inglaterra 1916 Branco e Preto

Produzido por: Lucoque / Barker Motion Photography

Idioma: Inglês

Gênero/palavras-chave: fantasia / cidade extinta / baseado em livro

Dirigido por: William G.B. Barker / Horace Lisle Lucoque

Escrito por: H. Rider Haggard (livro), Nellie E. Lucoque

Produzido por:William G.B. Barker

Versão de *She (1908); She (1911); She (1917); She (1925); She (1935); She (1965); S*H*E (1980) (TV); She (1985)*

76. She (1917)

USA 1917 Branco e Preto

Produzido por: Fox Film Corporation [us]

Idioma: Inglês

Dirigido por: Kenean Buel

Elenco: Valeska Surratt

Versão de *She (1908); She (1911); She (1916); She (1925); She (1935); She (1965); S*H*E (1980) (TV); She (1985)*

77. She (1925)

Alemanha / Inglaterra 1925 Branco e Preto

Gênero/palavra-chave: fantasia / baseado em livro

Conhecido também como: Mirakel der Liebe (1925)

Dirigido por: Leander De Cordova / G.B. Samuelson

Elenco: Carlyle Blackwell Sr.; Betty Blythe; Heinrich George; Mary Odette: She

Escrito por: H. Rider Haggard (livro)

Produzido por: Arthur A. Lee

Versão de *She (1908); She (1911); She (1916); She (1917); She (1935); She (1965); S*H*E (1980) (TV); She (1985)*

78. She (1935)

USA 1935 Branco e Preto

Produzido por: RKO Radio Pictures

Idioma: Inglês

Gênero/palavras-chave: Aventura / Romance / ártico / avalanche / baseado em livro / canibalismo / fantasia / civilização desconhecida / imortalidade / cidade extinta / raça extinta / reencarnação

Duração: USA:96

Dirigido por: Lansing C. Holden / Irving Pichel

Elenco: Helen Gahagan: Ayesha (She); Randolph Scott: Leo Vincey; Helen Mack: Tanya Dugmore

Escrito por: H. Rider Haggard (livro), Dudley Nichols (diálogo adicional), Ruth Rose

Produzido por: Shirley C. Burden (adjunto), Merian C. Cooper

Versão de *She (1908); She (1911); She (1916); She (1917); She (1925); She (1965); S*H*E (1980) (TV); She (1985)*

79. She (1965)

Inglaterra 1965 Colorido (Metrocolor)

Produzido por: Hammer Films / MGM (Metro-Goldwyn-Mayer) [aka MGM-UA] [us] / Seven Arts Production [uk]

Idioma: Inglês

Gênero/palavras-chave: Aventura / deserto / cidade extinta / baseado em livro / reencarnação / fantasia

Duração: USA:106

Dirigido por: Robert Day

Elenco: Ursula Andress: Ayesha (She who must be obeyed); Peter Cushing: Maj. Horace Holly; Bernard Cribbins: Job

Escrito por: David T. Chantler, Rider Haggard (livro)

Produzido por: Michael Carreras, Aida Young

Versão de *She (1908); She (1911); She (1916); She (1917); She (1925); She (1935); S*H*E (1980) (TV); She (1985)*

Seguido por *Vengeance of She, The (1968)*

80. She Creature, The (1957)

USA 1957 Branco e Preto

Produzido por: Golden State Productions

Idioma: Inglês

Gênero/palavras-chave: Terror / ficção científica / hipnose / reencarnação

Duração: USA:77

Dirigido por: Edward L. Cahn

Elenco: Chester Morris: Dr. Carlo Lombardi; Tom Conway : Timothy Chappel; Cathy Downs: Dorothy Chappel

Escrito por: Lou Rusoff (também estória)

Produzido por: Samuel Z. Arkoff (executivo); Israel M. Berman (adjunto); Alex Gordon

Refilmado como *Creature of Destruction (1967)*

81. **Somewhere in Time (1980)**

USA 1980 Colorido

Produzido por: Universal City Studios Productions, Inc.

Idioma: Inglês

Gênero/palavras-chave: Drama / Romance / baseado em livro / amor / viagem no tempo

Duração: 108

Dirigido por: Jeannot Szwarc

Elenco: Christopher Reeve: Richard Collier; Jane Seymour: Elise McKenna; Christopher Plummer: William Fawcett Robinson; Teresa Wright: Laura Roberts

Escrito por: Richard Matheson (livro)

Produzido por: Stephen Deutsch

82. **"Sunday at Home" (1949)**

USA [Série de TV] 1949 Branco e Preto

Idioma: Inglês

Gênero/palavras-chave: Musical / Mistério / reencarnação / tragédia / show de respostas

Duração: USA:15

Elenco: Mom Pickard; Obey 'Bud' Pickard Jr; Charlie Pickard

83. **Switch (1991)**

USA 1991 Colorido (Technicolor)

Produzido por: Cinema Plus, L.P. / Columbia Pictures Corporation [us] / Home Box Office (HBO) [us]

Idioma: Inglês

Gênero/palavras-chave: Comédia / cena lésbica / reencarnação / troca de papéis / troca de sexo

Duração: USA:103

Dirigido por: Blake Edwards

Elenco: Ellen Barkin: Amanda Brooks; Jimmy Smits: Walter Stone; JoBeth Williams: Margo Brofman

Escrito por: Blake Edwards

Produzido por: Tony Adams, Trish Caroselli (adjunto) (as Trish Caroselli Rintels), Arnon Milchan (executivo), Patrick Wachsberger (executivo)

Refilmagem de *Cleo/Leo (1989)*

84. **Things to Do in Denver when You're Dead** (1995)

USA 1995 Colorido (CFI)

Produzido por: Woods Entertainment / Buena Vista Pictures / Miramax Films

Idioma: Inglês

Gênero/palavras-chave: Drama / Crime / Romance / violência / mafia / vulgaridade / paraplégico / prostituição / humor negro / cadáver

Duração: USA:115 / Inglaterra:114

Dirigido por: Gary Fleder

Elenco: Andy Garcia: Jimmy "The Saint" Tosnia; Christopher Lloyd: Pieces; William Forsythe: Franchise

Escrito por: Scott Rosenberg

Produzido por: Marie Cantin (executivo), Cathy Konrad (coprodutor), Scott Rosenberg (adjunto), Bob Weinstein (executivo), Harvey Weinstein (executivo), Cary Woods

85. **Three Faces of Eve, The** (1957)

USA 1957 Branco e Preto

Produzido por: 20th Century Fox [us]

Idioma: Inglês

Gênero: Drama

Dirigido por: Nunnally Johnson

Elenco: Joanne Woodward: Eve;David Wayne: Ralph White; Lee J. Cobb: Doctor Luther

Escrito por: Corbett Thigpen (livro), Hervey M. Cleckley (livro), Nunnally Johnson

Produzido por: Nunnally Johnson

86. Toothless (1997) (TV)

USA 1997 Colorido

Produzido por: Walt Disney Television [us] / Mandeville Films

Idioma: Inglês

Gênero/palavras-chave: Romance / Comédia / fantasia / conto de fadas / pós-vida

Duração: Inglaterra:82

Dirigido por: Melanie Mayron

Elenco: Kirstie Alley: Catherine Lewis; Dale Midkiff: Thomas; Ross Malinger: Bobby

Escrito por: Mark S. Kaufman

Produzido por: David Hoberman (executivo), Mike Karz (coprodutor), Joan Van Horn

87. Twinkle Twinkle Little Star (1996)

Hong Kong 1996 Colorido

Idioma: cantonês

Gênero/palavras-chave: Comédia / fantasia / jogo / paraíso / Hong-Kong / reencarnação / amor romântico / luta

Dirigido por: Jing Wong

88. Two of a Kind (1983)

USA 1983 Colorido (DeLuxe)

Produzido por: 20th Century Fox [us] / Lamy Films [be] / Arsenal Films [es]

Idioma: Inglês

Gênero/palavras-chave: Comédia / Romance / anjo / pós-vida / amor

Dirigido por: John Herzfeld

Elenco: John Travolta: Zack Melon; Olivia Newton-John: Debbie Wylder; Charles Durning: Charlie; Beatrice Straight: Ruth

Escrito por: John Herzfeld

Produzido por: Joan Edward (adjunto), Kate Edward (adjunto), Michele Panelli-Venetis (adjunto), Roger M. Rothstein, Joe Wizan

89. **Undead, The** (1957)

USA 1957 Branco e Preto

Produzido por: American International Pictures (AIP) [us] / Balboa

Idioma: Inglês

Gênero/palavras-chave: Terror / cientista louco / medieval / reencarnação / viagem no tempo

Duração: USA:71

Dirigido por: Roger Corman

Elenco: Pamela Duncan: Diana Love/Helen, the witch; Richard Garland: Pendragon; Allison Hayes: Livia

Escrito por: Charles B. Griffith, Mark Hanna

Produzido por: Samuel Z. Arkoff

90. **Yin ji kau** (1987)

Hong Kong 1987 Colorido

Idioma: Cantonês

Gênero/palavras-chave: Romance / Drama / fantasma / Hong-Kong / suicídio

Duração: USA:93

Conhecido também como: *Yan zhi kou (1987)* (título *Mandarin Rouge (1987)*

Dirigido por: Stanley Kwan

Escrito por: Dai An-Ping Chiu / Bik-Wa Lei

Produzido por: Jackie Chan

91. You Never Can Tell (1951)

USA 1951 Branco e Preto

Produzido por: Universal International (UI or U-I)

Idioma: Inglês

Gênero/palavras-chave: Comédia / pós-vida / animais / fantasia / detetive particular

Duração: USA:78

Conhecido também como: *One Never Knows (1951); You Never Know (1951)*

Dirigido por: Lou Breslow

Elenco: Dick Powell: Rex Shepherd; Peggy Dow: Ellen Hathaway; Joyce Holden: Goldie; Charles Drake: Perry Collins

Escrito por: Lou Breslow (estória), David Chandler

92. Yun Pei Dung Lung (1993)

Hong Kong 1993 Colorido

Produzido por: Wong Jing's Workshop Limited

Idioma: cantonês

Gênero/palavras-chave: Drama / suspense / cantonês

Conhecido também como: *All New Human Skin Lanterns (1993); Fantasma Lantern (1993); Skinned Girl (1993); New Human Skin Lantern (1993)*

Dirigido por: Wai Keung Lau

Elenco: Tony Leung Ka Fai: Fai

Produzido por: Jing Wong

Bibliografia

01. **ALEGRETTI, Wagner;** *Astral Travel: Is It Possible?;* TONE; Ottawa; Canada; Magazine; Monthly; 1997.

02. **ALEGRETTI, Wagner;** *Conscienciologia e Projeciologia: Duas Ciências para a Consciência;* ANO ZERO; Rio de Jáneiro, RJ; Revista; Mensário; 21 ilus.; Março-Maio, 1992; N°. 11: p. 66-71; N°. 12: p. 56-62; N°. 13: p. 58-65.

03. **ALEGRETTI, Wagner;** *Cosmoética;* Curso Extracurricular; Miami; Flórida; EUA; International Institute of Projectiology and Conscientiology; 1996.

04. **ALEGRETTI, Wagner;** *Duplas Evolutivas;* BIPRO - BOLETIM INFORMATIVO DE PROJECIOLOGIA; Rio de Janeiro, RJ; Brasil; Trimestral; Vol. 5; N°. 11; Abril, 1998.

05. **ALEGRETTI, Wagner;** Editor; *Anais do I Congresso Internacional de Projeciologia;* Antologia; I-XI + 208 p.; 8 ilus.; 28 x 21 cm; Rio de Janeiro, RJ; Instituto Internacional de Projeciologia; 1991.

06. **ALEGRETTI, Wagner;** *Out-of-body Experience, Bioenergies and Consciousness Research;* Folheto; Miami; Flórida; EUA; International Institute of Projectiology and Conscientiology; 1996.

07. **ALEGRETTI, Wagner;** *Projectiology: A New Approach to an Old Phenomenon;* INPSIDER; Atlanta, GA; EUA; Newsletter; Vol. 3; N°. 1; January, 1994.

08. **ALEGRETTI, Wagner;** *Retrocognição: Lembrando Vivências Passadas;* Curso Extracurricular; Miami; Flórida; EUA; International Institute of Projectiology and Conscientiology; 1995.

09. **ALEGRETTI, Wagner;** *Teática das Bioenergias;* Curso Extracurricular; Rio de Janeiro, RJ; Instituto Internacional de Projeciologia; 1991.

10. **ALEGRETTI, Wagner;** *Uma Abordagem Conscienciológica para os Estados Alterados de Consciência;* Conferência; I CONBPRO - I Congresso Brasileiro de Projeciologia; Brasília, DF; Brasil; 1991.

11. **ALEGRETTI, Wagner;** *You and the OBE;* INNER SELF; Hollywood; Florida; USA; Magazine; Monthly; Vol. 11, N°. 1; January, 1995.

12. **ALEGRETTI, Wagner; & MONTEIRO, Rosália;** *Introdução à Projeciologia;* Folheto; 22 p.; 2 ilus.; Rio de Janeiro, RJ; Instituto Internacional de Projeciologia; 1990.

13. **ALEGRETTI, Wagner; & TRIVELLATO, Nanci;** Editors; HOMO PROJECTIUS; Miami; Florida; USA; Newsletter; Trimestral; 1996-1998. (Journal of International Institute of Projectiology and Conscientiology).

14. **ALEGRETTI, Wagner; & TRIVELLATO, Nanci;** *Pesquisa de Opinião Pública sobre a Projeção Consciente através da World Wide Web*; ANAIS DO I FIC / II CIPRO; Rio de Janeiro, RJ; Instituto Internacional de Projeciologia e Conscienciologia; 1999.

15. **ANDREWS, Ted;** *How to Uncover Your Past Lives* (Llwellyn's How to Series); 198 p.; br.; Llwellyn Publications; 1997. (ISBN: 0-87542-022-2).

16. **ARAÚJO, Luiz;** *Ensaios Extracorpóreos;* 126 p.; pref. Gilson Dimenstein Koatz; Rio de Janeiro, RJ; Brasil; Instituto Internacional de Projeciologia e Conscienciologia; 1998. (ISBN: 85-86019-32-1).

17. **BALONA, Málu; & ALEGRETTI, Wagner;** *Congresso de Projeciologia: Novos Caminhos Para a Viagem Astral;* PLANETA; São Paulo, SP; Revista; Mensário; Nº. 217; Outubro, 1990.

18. **BOWMAN, Carol;** *Crianças e Suas Vidas Passadas;* 312 p.; 1ª. ed.; Rio de Janeiro, RJ; Brasil; Editora Salamandra; 1997. (ISBN: 85-281-0211-4).

19. **CARPENTER, Sue;** *Past Lives: True Stories of Reincarnation;* 250 p.; 6.98 x 4.29 x 0.72; br.; London; Virgin Publishing Ltd.; August, 1995. (ISBN: 0-86369-906-5).

20. **CAYCE, Charles Thomas; & SMITH, Robert C.;** *Edgar Cayce You Can Remember Your Past Lives;* 274 p.; 6.82 x 4.18 x 0.85; br.; reedição; New York; Warner Books; 1989. (ISBN: 0-446-34979-8).

21. **CERATO, Sonia;** *A Ciência Conscienciologia e as Ciências Convencionais;* 406 p.; br.; 1ª. ed.; Rio de Janeiro, RJ; Brasil; Instituto Internacional de Projeciologia e Conscienciologia; 1998. (ISBN: 85-86019-33-X).

22. **CERMINARA, Gina;** *Many Lives, Many Loves;* 170 p.; br.; New York; The New American Library; 1974.

23. **CHADWICK, Gloria;** *Discovering Your Past Lives: The Best Book on Reincarnation You'll Ever Read in this Lifetime!;* 216 p.; br.; Chicago;

USA; Contemporary Books; September, 1988. (ISBN: 0-8092-4546-9; LC: BL515.C46 1988; Dewey: 133.9/01/3).

24. **EASON, Cassandra;** *Discover Your Past Lives;* 154 p.; 9.16 x 5.97 x 0.62; br.; England; Foulsham and Co. Ltd.; January, 1996. (ISBN: 0-572-02198-4).

25. **FINKELSTEIN, Adrian;** *Your Past Lives and the Healing Process: a Psychiatrist Looks at Reincarnation and Spiritual Healing;* 195 p.; br.; 2ª. ed.; Malibu; California; USA; 50 Gates Publishing Co.; January, 1996. (ISBN: 0-9647831-1-8; LC: BL515 .F55 1996; Dewey: 615.8/52).

26. **FIORE, Edith;** *You have been Here Before: a Psychologist Looks at Past Lives;* 242 p.; New York; Ballantine Books; 1978. (ISBN: 0-345-42022-5; LC: RC489.R43 F56 1978; Dewey: 616.8/916/2).

27. **GOLDBERG, Bruce;** *Past Lives, Future Lives;* 276 p.; br.; USA; Ballantine Books; October, 1997. (ISBN: 0-345-42023-3).

28. **GUIRDHAM, Arthur;** *We are One Another: Astounding Evidence of Group Reincarnation;* 228 p.; England; The C. W. Daniel Co.; 1991. (ISBN: 0-85207-248-1).

29. **GULLO, Carla; PEREIRA, Cilene; & PROPATO, Valéria;** *A Ciranda das Almas;* ISTO É; São Paulo, SP; Revista; Semanário; Nº. 1453; 2, abril, 1997.

30. **HALL, Judy;** *Principles of Past Life Therapy;* 138 p.; br.; San Francisco, CA; USA; Thorsons Publishing; 1996. (ISBN: 0-7225-3353-5).

31. **LEARNING COMPANY;** *Compton's Interactive World Atlas;* USA; 1997. (CD-ROM).

32. **LINN, Denise;** *Past Lives, Present Dreams: How to Use Reincarnation for Personal Growth;* 178 p.; br.; reimp.; New York; Ballantine Books; March, 1997. (ISBN: 0-345-40002-X; LC: BP573.R5 L56 1997; Dewey: 133.9/01/35).

33. **McCLAIN, Florence Wagner;** *Practical Guide to Past Life Regression;* 148 p.; br.; Llewellyn Publications; December, 1997. (ISBN: 0-87542-510-0).

34. **MICROSOFT CORPORATION;** *Encarta 97 Encyclopedia;* USA; 1997. (CD-ROM).

35. **MISHLOVE, Jeffrey;** *The Roots of Consciousness: The Classic Encyclopedia of Consciousness Studies;* ed. rev.; Tulsa; Oklahoma; USA; Council Oak Books; 1993. (ISBN 0-933031-70-x).

36. **NEWTON, Michael;** *Journey of Souls: Case Studies of Life Between Lives;* 288 p.; br.; St. Paul; Minn.; USA; Llewellyn; July, 1994. (ISBN: 1-56718-485-5; LC: BF1275.D2 N48 1994; Dewey: 133.9/01/3).

37. **O'CONNELL, Loraine;** *A Return to the Past;* THE ORLANDO SENTINEL; Orlando, FL; USA; Newspaper; Daily; November 23, 1993; p. E1.

38. **PAULSON, Genevieve Lewis; & PAULSON, Stephen J.;** *Reincarnation: Remembering Past Lives;* 194 p.; br.; St. Paul; Minn.; USA; Llewellyn Publications; October, 1997. (ISBN: 1-56718-511-8; LC: BL515.P38 1997; Dewey: 133.9/01/35).

39. **PERES, Maria Júlia P. Moraes Prieto;** *TRVP – Terapia Regressiva Vivencial Peres;* Folheto; 44 p.; São Paulo, SP; Instituto Nacional de Terapia de Vivências Passadas; Novembro, 1996.

40. **SCHLOTTERBECK, Karl;** *Living Your Past Lives: The Psychology of Past Life Regression;* 319 p.; br.; New York; Ballantine Books; 1987. (ISBN: 0-345-34028-0).

41. **SQUIRE, Larry R.; & LINDENLAUB, Elke;** *The Biology of Memory;* Symposia Medica Hoechst; 670 p.; Vol. 23; Stuttgart; Germany; F. K. Schattauer Verlag; 1990. (ISBN: 3-7945-1387-8).

42. **STEIGER, Brad; & STEIGER, Francie;** *Discover Your Past Lives;* 260 p.; br.; Atglen, PA; USA; Schiffer Publishing Ltd.; September, 1987. (ISBN: 0-914918-76-1).

43. **STEIGER, Brad;** *You Will Live Again: Dramatic Case Histories of Reincarnation;* 238 p.; Nevada City, CA; USA; Blue Dolphin; 1996. (ISBN: 0-931892-29-5; LC: BL515 .S734 1996; Dewey: 133.9/01/3).

44. **STEINER, Rudolf;** *A Western Approach to Reincarnation and Karma: Selected Lectures and Writings;* ed. e int. Rene Querido; 154 p.; Hudson, NY; USA; Anthroposophic Press; 1997. (ISBN: 0-88010-399-x; LC: BP596.R44 S74213 1997; Dewey: 299/.935).

45. **STEINER, Rudolf;** *Reincarnation and Karma: Two Fundamental Truths of Human Existence;* trad. D. S. Osmond, C. Davy, S. e E. F. Derry; 104 p.; Hudson, NY; USA; Anthroposophic Press; 1992. (LC: BP595.S894 W4713 1992; Dewey: 299/.935).

46. **STEVENSON, Ian;** *Twenty Cases Suggestive of Reincarnation;* 396 p.; Charlottesville; University Press of Virginia; 1974. (ISBN: 0-8139-0872-8; LC: BL515.S75 1974; Dewey: 133.9/013).

47. **SUTPHEN, Dick;** *Past Lives, Future Loves;* 254 p.; 6.73 x 4.11 x 0.72; br.; New York; Pocket Books; 1978. (ISBN: 0-671-70828-7).

48. **TALBOT, Michael;** *Your Past Lives: A Reincarnation Handbook;* 178 p.; 6.89 x 4.19 x 0.54; br.; reimp.; New York; Fawcett Crest Books; May, 1989. (ISBN: 0-449-21679-9).

49. **TOBEN, Robert; & WOLF, Alfred Alan;** *Espaço-Tempo e Além;* 192 p.; trad. Hernani Guimarães Andrade e Newton Roberval Eichenberg; 4ª. ed.; São Paulo, SP; Brasil; Editora Cultrix; 1995.

50. **TRIVELLATO, Nanci; & ALEGRETTI, Wagner;** *A Dupla Evolutiva na Prática;* ANAIS DO I CONGRESSO INTERNACIONAL DE INVERSÃO EXISTENCIAL; Florianópolis, SC; Brasil; Janeiro, 1998.

51. **TRIVELLATO, Nanci; & ALEGRETTI, Wagner;** Editors; JOURNAL OF CONSCIENTIOLOGY; Miami, FL; USA; Quarterly; Vol. 1; Nº. 1; July, 1998. (Journal of International Institute of Projectiology and Conscientiology).

52. **TRIVELLATO, Nanci; & ALEGRETTI, Wagner;** *Panorâmica de la Conciencia;* Folheto; Miami; Flórida; USA; International Institute of Projectiology and Conscientiology; 1996.

53. **VIEIRA, Waldo;** *100 Testes da Conscienciometria;* 232 p.; 100 caps.; 14 refs.; 21 x 14 cm; br.; 1ª. ed.; Rio de Janeiro, RJ; Instituto Internacional de Projeciologia e Conscienciologia; 1997. (ISBN: 85-86019-26-7).

54. **VIEIRA, Waldo;** *200 Teáticas da Conscienciologia;* 260 p.; 200 caps.; 13 refs.; alf.; 21 x 14 cm; br.; 1ª. ed.; Rio de Janeiro, RJ; Instituto Internacional de Projeciologia e Conscienciologia; 1997. (ISBN: 85-86019-24-0).

55. **VIEIRA, Waldo;** *700 Experimentos da Conscienciologia;* 1058 p.; 700 caps.; 300 testes; 8 índices; 2 tabs.; 600 enu.; ono.; 5.116 refs.; geo.; glos. 280 termos; 147 abrev.; alf.; 28,5 x 21,5 x 7 cm; enc.; 1ª. edição; Rio de Janeiro, RJ; Instituto Internacional de Projeciologia; 1994.

56. **VIEIRA, Waldo;** *Conscienciograma: Técnica de Avaliação da Consciência Integral;* 344 p.; 100 folhas de avaliação; 2.000 itens; 4 índices; 11 enu.; 7 refs.; glos. 282 termos; 150 abrev.; alf.; 21 x 14 cm; br.; 1ª. edição; Rio de Janeiro, RJ; Instituto Internacional de Projeciologia; 1996. (ISBN: 85-86019-15-1).

57. **VIEIRA, Waldo;** *Manual da Dupla Evolutiva;* 212 p.; 40 caps.; 16 refs.; alf.; 21 x 14 cm; br.; 1ª. ed.; Rio de Janeiro, RJ; Instituto Internacional de Projeciologia e Conscienciologia; 1997. (ISBN: 85-86019-27-5).

58. **VIEIRA, Waldo;** *Manual da Proéxis: Programação Existencial;* 164 p.; 40 caps.; 10 refs.; alf.; 21 x 14 cm; br.; 1ª. ed.; Rio de Janeiro, RJ; Instituto Internacional de Projeciologia e Conscienciologia; 1997. (ISBN: 85-86019-19-4).

59. **VIEIRA, Waldo;** *Manual da Tenepes: Tarefa Energética Pessoal;* 138 p.; 34 caps.; 5 refs.; glos. 282 termos; 147 abrev.; alf.; 21 x 14 cm; br.; 1ª. edição; Rio de Janeiro, RJ; Instituto Internacional de Projeciologia; 1995.

60. **VIEIRA, Waldo;** *Manual de Redação da Conscienciologia;* 272 p.; 21 x 28 cm; 1ª. ed.; Rio de Janeiro, RJ; Instituto Internacional de Projeciologia e Conscienciologia; 1997. (ISBN: 85-86019-22-461.).

62. **VIEIRA, Waldo;** *Nossa Evolução;* 168 p.; 15 caps.; 6 refs.; glos. 282 termos; 149 abrev.; alf.; 21 x 14 cm; br.; 1ª. edição; Rio de Janeiro, RJ; Instituto Internacional de Projeciologia; 1996. (ISBN: 85-86019-08-9).

63. **VIEIRA, Waldo;** *O Que é a Conscienciologia;* 180 p.; 100 caps.; 3 refs.; glos. 280 termos; alf.; 21 x 14 cm; br.; 1ª. edição; Rio de Janeiro, RJ; Instituto Internacional de Projeciologia; 1994.

64. **VIEIRA, Waldo;** *Projeciologia: Panorama das Experiências da Consciência Fora do Corpo Humano;* XXVIII + 900 p.; 475 caps.; 40 ilus.; 1.907 refs.; glos. 15 termos; 58 abrev.; ono.; geo.; alf.; 27 x 18,5 x 5 cm; enc.; 3ª. edição; Londrina; Paraná; Brasil; Livraria e Editora Universalista; 1990.

65. **VIEIRA, Waldo;** *Temas da Conscienciologia;* 232 p.; 90 caps.; 16 refs.; alf.; 21 x 14 cm; br.; 1ª. ed.; Rio de Janeiro, RJ; Instituto Internacional de Projeciologia e Conscienciologia; 1997. (ISBN: 85-86019-28-3).

66. **WEISS, Brian L.;** *Muchas Vidas, Muchos Sábios;* 220 p.; trad. Edith Zilli; Buenos Aires; Argentina; Javier Vergara Editor; 1989. (ISBN: 954-15-0958-3).

67. **WEISS, Brian L.;** *Only Love Is Real: A Story of Soulmates Reunited;* 176 p.; br.; reimp.; New York; Warner Books; March, 1997. (ISBN: 0-446-67265-3).

68. **WHITTON, Joel L.; & FISHER, Joe;** *Life Between Life;* 220 p.; 6.77 x 4.13 x 0.69; br.; reedição; New York; Warner Books; January, 1988. (ISBN: 0-446-34762-0).

Como acessar uma bibliografia adicional

Uma bibliografia adicional, compilada pelo autor, pode ser acessada no *Web Site: www.iacworld.org.*

Não se trata da bibliografia consultada durante a preparação desta obra, e seu objetivo primário é contribuir com aqueles que desejem pesquisar mais profundamente os assuntos abordados.

Esta bibliografia auxiliar propicia uma melhor visão de conjunto e ilustra o caráter universalista da temática deste livro. Muitas pessoas, por falta de informação, pensam que as terapias de regressão a vidas passadas foram criadas recentemente por este ou aquele autor famoso do momento, ou que a teoria da serialidade é descoberta de Allan Kardec.

Esta compilação é resultado de extensa procura através da Internet. Várias fontes foram exploradas e os resultados foram reunidos, cruzados e padronizados, eliminando-se as referências duplicadas e confirmando-se as respectivas informações. As principais fontes consultadas foram: Amazon (*www.amazon.com*), Barnes & Noble (*www.barnesandnoble.com*) e principalmente a base de dados da Livraria do Congresso Americano (*lcweb.loc.gov*). As principais palavras-chave (*keywords*) usadas nos mecanismos de busca (*search engines*) foram: *reincarnation, past life, regression* e suas variações.

Esta bibliografia pode ser resumida ou ilustrada pela seguinte estatística:

Referências: 1157

Idiomas: 26 – alemão, árabe, burmês, chinês, dinamarquês, espanhol, finlandês, francês, grego, hindi (Índia), holandês, húngaro, indonésio, inglês, islandês, italiano, polonês, português, russo, sânscrito (Índia), singalês (Sri Lanka), sueco, tailandês, telugu (Índia), tibetano, urdu (Índia)

Países: 32 – África do Sul, Alemanha, Argentina, Brasil, Burma, Canadá, China, Coreia do Sul, Dinamarca, Espanha, EUA, Finlândia, França, Grécia, Holanda, Hungria, Índia, Indonésia, Inglaterra, Islândia, Israel, Itália, Líbano, Mônaco, Nigéria, Polônia, Rússia, Suécia, Suíça, Tailândia, Taiwan, Tibete.

Mídias: 6 – Livro, Audio-Cassete, Audio-CD, Disco Vinil, Filme, Vídeo VHS.

Ano da referência mais antiga: 1692

Índice Remissivo

B

C

D

E

F

G

H

I

N

O

P

S

T

U

V

W

X

Z

Entrevista com o Autor

O que é o fenômeno da Retrocognição?

A Retrocognição, conhecida popularmente como regressão de memória ou regressão a vidas passadas, é um fenômeno parapsíquico (paranormal) caracterizado pela lembrança de fatos, lugares e pessoas, relativos a experiências passadas, sejam elas vidas ou períodos entrevidas.

Como ocorre esse fenômeno?

Na maioria das vezes a retrocognição ocorre de maneira espontânea ou natural, outras vezes é desencadeada através de hipnose, sendo que a melhor forma é aquela que advém do amadurecimento gradual da consciência (ego, *self*, espírito, alma). Quando a pessoa é ainda instável e imatura, estas lembranças são bloqueadas, porém, quando a consciência já é mais madura e equilibrada, as retrocognições são desncadeadas espontaneamente ou por meio da atuação de amparadores (guias, mentores), visando o autoconhecimento e a evolução.

Quais os benefícios da retrocognição?

A lembrança de vivências anteriores pode curar ou pelo menos atenuar vários problemas psicológicos (fobias por exemplo) e alguns fisiológicos. Contudo é importante ressaltar que a mesma não é panaceia universal e que o único remédio cura-tudo é a própria evolução. A abordagem terapêutica da retrocognição tem sido a mais explorada, no entanto suas aplicações evolutivas são mais profundas.

Qual o diferencial do livro que você está lançando "Retrocognições – Pesquisa da memória de vivências passadas" em relação a outras obras que abordam o mesmo tema?

O diferencial maior neste livro é o enfoque evolutivo e de estudo da consciência. Esta obra foi escrita de forma mais técnica e científica, quase não contendo relatos de casos de retrocognição, como na grande maioria dos demais livros sobre o assunto. Normalmente a retrocognição é vista pela maioria das pessoas como fonte de entretenimento ou possibilidade terapêutica, porém, além destas, a retrocognição, quando sadia, pode levar o indivíduo a um grau maior de maturidade, lucidez, universalismo e de maior entendimento de sua evolução e presente vida. O livro foi escrito para ser o mais didático possível, facilitando o entendimento por parte daqueles que não experimentaram retrocognição até o momento ou que não possuem maiores conhecimentos sobre o assunto.

Quanto tempo de pesquisa foi necessário para a elaboração do livro?

Na verdade venho pesquisando o assunto de forma mais organizada, através da coleta de informações e livros da área, desde 1990. Porém, estes estudos foram iniciados em 1988 quando comecei a experimentar minhas primeiras retrocognições espontâneas. Também coletei muita informação ao longo dos últimos 11 anos ministrando cursos de projeciologia pelo IIPC. O resultado desta compilação de informações foi transformado, em 1996, em um curso extracurricular chamado "Retrocognição: lembrando vivências passadas", o qual foi dado em várias cidades brasileiras e do exterior. A experiência adquirida com o curso – em diferentes localidades, culturas e idiomas – permitiu a constante renovação e enriquecimento do mesmo. Foram anotadas e analisadas as reações dos alunos, seus relatos, dúvidas e perguntas. O resultado desta compilação teórica e prática foi condensado no presente livro.

Qual a importância da visão da Projeciologia e da Conscienciologia para a análise do fenômeno (retrocognição)?

A amplitude de abordagem da Conscienciologia e da Projeciologia permite o estudo do fenômeno além do que tem sido proposto pelo paradigma materialista (caso da medicina e psicologia, por exemplo) ou pelos enfoques místicos ou religiosos das correntes reencarnacionistas. As maiores contribuições aparecem no campo da bioenergia, pensenidade, holossomaticidade e serialidade. No entanto, o ponto chave é o paradigma consciencial, o qual, entre outras coisas, propõe a autopesquisa ou a pesquisa participativa da consciência. Neste caso, a consciência é mais do que o corpo físico e não somente um processo deste.

A pessoa que rememora experiências passadas ou experimenta outros fenômenos parapsíquicos pode ser considerada "especial", portadora de algum "dom"?

A maioria das pessoas já teve alguma forma de retrocognição sem saber, enquanto alguns a tiveram de forma mais freqüente e ostensiva. Popularmente estes últimos seriam chamados de psíquicos ou seriam considerados possuidores de um dom, porém sabe-se que todos são psíquicos em maior ou menor grau de desenvolvimento. O verdadeiro dom, segundo a Conscienciologia, é um nível mais alto de lucidez, que pode ser conquistado por qualquer pessoa interessada.

É possível aplicar técnicas otimizadoras de rememorações? Você ensina alguma técnica no livro?

No final do livro são fornecidas técnicas para obtenção de retrocognições. Contudo, são importantes as considerações anteriores para que o leitor-experimentador possa otimizar suas experiências e garantir que serão saudáveis. Em tese, qualquer pessoa em boas condições de saúde mental e emocional e que possua conhecimento mínimo sobre o assunto pode aplicar as técnicas sem receio.

A hipnose é necessária para desencadear o fenômeno?

Definitivamente não. Neste livro existe um capítulo inteiro discutindo o assunto da hipnose. Para resumir pode-se dizer que a mesma é uma poderosa ferramenta de pesquisa e terapia, contudo, quando na forma da hetero-hipnose é sempre intrusiva e pode deixar certas seqüelas. Uma analogia pode ser aplicada aqui: como no caso de uma cirurgia, a hipnose, apesar de curar muitas vezes, tem de ser evitada sempre que possível. Outros métodos podem ser aplicados antes da prescrição da hipnose. Muitos recorrem à hipnose por ser mais fácil e imediata, porém o indivíduo continuará dependendo do terapeuta para a obtenção das retrocognições.

É possível lembrar-se dos períodos entre uma vida e outra?

Consideramos prioritária a retrocognição de nosso último período intermissivo (entre-vidas) pois desta forma o experimentador poderá relembrar-se de um período ou estado em que possuía maior nível de lucidez que o atual, além de permitir muitas vezes a descoberta, pelo menos em linhas gerais, de sua programação para a vida atual, o que pode aumentar suas chances de completismo nesta vida. Este tipo de retrocognição é acessível a todas as pessoas e praticamente não há possibilidade de acontecer de forma patológica, no entanto é a mais rara de todas. Hoje começam a aparecer os primeiros relatos deste tipo de lembrança, existindo inclusive um livro americano sobre o assunto. No meu caso pessoal, já experimentei este tipo de retrocognição e posso dizer, sem dúvida, que é a mais impactante.

Há alguma relação entre a retrocognição e outros fenômenos parapsíquicos?

Os fenômenos conscienciais não se excluem mutuamente. Pelo contrário, suas periferias se superpõem de forma que aparecem muitas vezes combinados. A retrocognição não foge a esta regra, apresentando relação mais estreita com a clarividência, psicometria e projeção consciente, além dos estados conscienciais da hipnagogia (estado alfa) e sonho.

Departamento de Comunicação do IIPC (1998).

AIEC – Associação Internacional para Expansão da Conscienciologia
Fundação: 22/04/2005
Sede: Av. Felipe Wandscheer, 5.100, sala 111, Cognópolis – 85856-530 – Foz do Iguaçu, Paraná, Brasil
Tel.: (45) 2102.1411 | Site: www.aiecworld.org
Contato: aiec@aiecworld.org

APEX – Associação Internacional da Programação Existencial
Fundação: 20/02/2007
Sede: Av. Felipe Wandscheer, 5.100, sala 104, Cognópolis – 85856-530 – Foz do Iguaçu, Paraná, Brasil
Tel.: (45) 2102.1404 | Site: www.apexinternacional.org
Contato: contato@apexinternacional.org

ARACÊ – Associação Internacional para Evolução da Consciência
Fundação: 14/04/2001
Sede: Venda Nova do Imigrante, Espírito Santo, Brasil e Av. Felipe Wandscheer, 5.100, sala 102, Cognópolis – 85856-530 – Foz do Iguaçu, Paraná, Brasil
Tel.: (45) 2102.1410 | Site: www.arace.com.br
Contato: associacao@arace.com.br

ASSINVÉXIS – Associação Internacional para a Inversão Existencial
Fundação: 22/07/2004
Sede: Av. Felipe Wandscheer, 5.100, sala 106, Cognópolis – 85856-530 – Foz do Iguaçu, Paraná, Brasil
Tel.: (45) 2102.1406 | Site: www.assinvexis.org
Contato: contato@assinvexis.org

CEAEC – Associação Internacional do Centro de Altos Estudos da Conscienciologia

Fundação: 15/07/1995
Sede: Rua da Cosmoética, 1.511, e Av. Felipe Wandscheer, 5.100, sala 102, Cognópolis – 85856-530 – Foz do Iguaçu, Paraná, Brasil
Tel.: (45) 2102.1402 / 3525.2652 | Site: www.ceaec.org
Contato: ceaec@ceaec.org

COMUNICONS – Associação Internacional de Comunicação Conscienciológica
Fundação: 24/07/2005
Sede: Av. Felipe Wandscheer, 5.100, sala 109, Cognópolis – 85856-530 – Foz do Iguaçu, Paraná, Brasil
Tel.: (45) 2102.1409 | Site: www.comunicons.org.br
Contato: comunicons@comunicons.org

CONSCIUS – Associação Internacional de Conscienciometria
Fundação: 24/02/2006
Sede: Av. Felipe Wandscheer, 5.100, sala 108, Cognópolis – 85856-530 – Foz do Igu açu, Paraná, Brasil
Tel.: (45) 2101.1408
Contato: conscius@conscius.org.br

DISCERNIMENTUM - Pólo Conscienciocêntrico Discernimentum
Fundação: 14/10/2007
Sede: Av. Felipe Wandscheer, 5.100, sala 200, Cognópolis – 85856-530 – Foz do Iguaçu, Paraná, Brasil
Tel.: (45) 2102.1400
Contato: gestor.geral@discernimentum.org

EDITARES – Associação Internacional Editares
Fundação: 23/10/2004
Sede: Av. Felipe Wandscheer, 5.100, sala 107, Cognópolis – 85856-530 – Foz do Iguaçu, Paraná, Brasil
Tel.: (45) 2102.1407 | Site: www.editares.org
Contato: editares@editares.net

EVOLUCIN – Associação Internacional de Conscienciologia para Infância
Fundação: 09/07/2006
Sede: Rua Barão do Triunfo, 419, sala 302 – 90130-100 – Porto Alegre, RS e Av. Felipe Wandscheer, 5.100, sala 102, Cognópolis – 85856-530 – Foz do Iguaçu, Paraná, Brasil
Tel.: (45) 2102.1402 / (51) 3012.2562
Contato: A/C de Roseli Peruzzolo roseliperuzzolo@yahoo.com.br

IAC – International Academy of Consciouness
Fundação: 28/10/2000
Sede: Campus IAC, EN18, Km 236 – Herdade da Marmeleira – 7100-300 Evoramonte, Portugal
Representação no Brasil: Av. Felipe Wandscheer, 5.100, sala 204, Cognópolis – 85856-530 – Foz do Iguaçu, Paraná, Brasil
Tel.: (45) 2102.1424 | Site: www.iacworld.org
Contato: A/C de Verónica Serrano – veronica.serrano@iacworld.org ou brasil@iacworld.org

IIPC – Instituto Internacional de Projeciologia e Conscienciologia
Fundação: 16/01/1988
Sede: Av. Felipe Wandscheer, 5.100, sala 103, Cognópolis – 85856-530 – Foz do Iguaçu, Paraná, Brasil
Tel.: (45) 2102.1448 | Site: www.iipc@org
Contato: iipc@iipc.org

INTERCAMPI – Associação Internacional dos Campi de Pesquisas da Cons-cienciologia
Fundação: 23/07/2005
Sede: Av. Antonio Basílio, 3.006, sala 602, Lagoa Nova, Natal / RN
e Av. Felipe Wandscheer, 5.100, sala 102, Cognópolis – 85856-530 – Foz do Iguaçu, Paraná, Brasil
Tel.: (45) 2102.1402 / (84) 3211.3126

Contato: A/C de Rute Pinheiro – rutepinheiro@digizap.com.br

OIC – Organização Internacional de Conscienciogerapia
Fundação: 06/09/2003
Sede: Rua Rui Barbosa, 820, salas 503, 504, 505 e 506, Foz do Iguaçu / PR e Av. Felipe Wandscheer, 5.100, sala 102, Cognópolis – 85856-530 – Foz do Iguaçu, Paraná, Brasil
Tel.: (45) 2102.1402 / 3025.1404 | Site: www.oic.org.br
Contato: aco@oic.org.br

REAPRENDENTIA – Associação Internacional de Parapedagogia e Reeducação Consciencial
Fundação: 21/10/2007
Sede: Av. Felipe Wandscheer, 5.100, sala 112, Cognópolis – 85856-530 – Foz do Iguaçu, Paraná, Brasil
Tel.: (45) 2102.1441 | Site: www.reaprendentia.org
Contato: contato@reaprendentia.org.br

UNICIN – União das Instituições Conscienciocêntricas Internacionais
Fundação: 22/01/2005
Sede: Av. Felipe Wandscheer, 5.100, sala 105, Cognópolis – 85856-530 – Foz do Iguaçu, Paraná, Brasil
Tel.: (45) 2102.1405 | Site: www.unicin.org
Contato: unicin@unicin.org

UNIESCON – União Internacional de Escritores da Conscienciologia
Fundação: 23/11/2008
Sede: Av. Felipe Wandscheer, 5.100, sala do autorado, Cognópolis – Foz do Iguaçu, Paraná, Brasil – CEP: 85856-530
Site: www.uniescon.org
Contato: uniescon@uniescon.org

Esta obra pesquisa temas da *Mnemossomática*, especialidade da *Conscienciologia*

EDITARES